本书系山东省社会科学规划社科普及应用研究专项 "大数据发展与跨境数据服务法律适用问题研究"（19CKPJ11）项目资助

大数据发展

与跨境数据保护法律适用问题研究

肖夏　著

知识产权出版社

全国百佳图书出版单位

——北京——

图书在版编目（CIP）数据

大数据发展与跨境数据保护法律适用问题研究/肖夏著 . —北京：知识产权出版社，2023.4

ISBN 978-7-5130-8509-0

Ⅰ.①大… Ⅱ.①肖… Ⅲ.①数据保护—科学技术管理法规—法律适用—中国 Ⅳ.①D922.175

中国版本图书馆 CIP 数据核字（2022）第 240081 号

责任编辑：韩婷婷 　　　　　　　责任校对：谷　洋
封面设计：乾达文化 　　　　　　责任印制：孙婷婷

大数据发展与跨境数据保护法律适用问题研究

肖　夏　著

出版发行：知识产权出版社有限责任公司	网　址：http://www.ipph.cn
社　址：北京市海淀区气象路 50 号院	邮　编：100081
责编电话：010-82000860 转 8359	责编邮箱：176245578@qq.com
发行电话：010-82000860 转 8101/8102	发行传真：010-82000893/82005070/82000270
印　刷：北京建宏印刷有限公司	经　销：新华书店、各大网上书店及相关专业书店
开　本：880mm×1230mm　1/32	印　张：5.25
版　次：2023 年 4 月第 1 版	印　次：2023 年 4 月第 1 次印刷
字　数：110 千字	定　价：49.00 元

ISBN 978-7-5130-8509-0

前　言

跨境数据流动是国际贸易的重要组成部分，也是数字服务模式的一个要素。数字产业较为发达的国家均依靠混合的行业自治和国内监管政策创建各自的数据治理领域，同时寻求国际层面数字贸易规则制定方面的话语权和主动权。欧盟将隐私权视为"基本人权"，对个人数据跨境移转贯彻以欧盟《通用数据保护条例》（*General Data Protection Regulation*，*GDPR*）为核心的严格限制措施；而美国注重表达自由和数字贸易自由，主张以自由贸易协定（Free Trade Agreement，FTA）规制"数据本地化"等数字保护主义措施。尽管世界贸易组织通过《服务贸易总协定》（*General Agreement on Trade in Services*，*GATS*）含蓄地管理了跨境数据流动，但由于其诞生于数字技术大规模使用之前，并不能为国际社会提供与时俱进的、系统化的跨境数据流通统一实体法规则，更不能妥善处理数字贸易与数据保护等公共政策协调的问题。数据保护和数据流通由于涉及各国宪法层面的价值选择，导致实体法之间的差异在短时间内难以协调。长期存在的规则差异无疑会为跨国数据流通带来极大的障碍和不稳定性，不仅数据技术产业将面临巨大的成本负担，数据主体的利益也无法得到有效保护，甚至所有数据驱动型产业（包括公共卫生和疾病防控）都将受到严重的打击。当前世界面临百年未有之大变局，新冠病毒感染疫情大流行影响广泛深远，国际环境不稳定性、不确定性明显上升。为了缓解这种实体规则差异导致的法律漏洞及法律冲突，寻求更具科学性及实用性的法律适用规则就变得尤为重要。现有一般冲突规则是否能够满足大数据利用方面个人数据保护特殊的调整需求及价值目标，特殊的连结点如何选取及适用，特殊冲突规则与一般冲突规则如何排序等问题，均需考察及论证。同时，新冠病毒感染疫情大流行凸显了疾病防控大数据使用的重要性，考虑到国际社会对公共利益保护的迫切需求，先行寻求公共健康大数据治理方面实体规则的国际协调不但是暂时解决数据流通和使用障碍所必需的，也是最可能打破各国价值选择差异、实现数据保护实体规则协调的第一步。习近平总书记强调要加快涉外法治工作战略布局，协调推进国内治理和国际治理，坚决维护国家主权、尊严和核心利益，推动全球治理变革、构建人类命运共同体。在我国，数据驱动型企业于国际上屡屡受阻，在大规模推进个人信息保护立法的关键时期，迫切需要考虑如何完善我国大数据利用方面跨境数据保护的法律适用规则，有效限制欧盟、美国数据治理规则的溢出效应，全面维护我国国家数据安全和公民个人信息安全，为疾病防控等公共目的规范大数据使用，为我国数据产业走向世界谋求更有利的空间。

　　本书以大数据发展引发的跨境数据保护法律适用问题为研究对象，区分冲突法规则和实体法规则两个层面进行探讨。冲突法层面，以平衡数据流通和数据保护为价值目标，论证建立专门统一冲突规则的必要性及可能性，探索新型及传统冲突规则在这一领域的适用标准和适用条件，弥补国际范围内实体法规则碎片化的缺陷，增强该领域法律适用结果的稳定性和可预测性。实体法层面，以平衡公共健康和个人信息保护为价值目标，在法经济学分析的基础上论证健康大数据领域责任规则和管制规则取代财产规则在个人信息保护方面的主流地位，运用国际法原理探索各类跨国协调机制在这一领域的作用方法和适用标准，以弥合各国在大数据技术发展水平和制度需求方面的落差。

　　与大数据发展有关的跨境数据保护法律适用问题研究具有重要的理论和现实意义。就理论意义而言，在冲突法层面上，它将实现个人数据保护领域统一冲突规则研究的系统化，明晰控制人机构设立地、数据主体惯常居住地等特殊冲突规则以及合同履行地、侵权行为地、最密切联系地等传统冲突规则在数据权保护领域的适用标准和适用顺序；同时，通过对云合同、大数据使用中主体关系、法律结构的剖析，从根本上破解数据非地域性与传统冲突规则以地域为基础确定连结点的矛盾；最终，通过对数据权、人格权、消费者权益领域冲突规范的类比研究，在宏观方面为消费者合同纠纷、人格权侵权之诉等传统领域冲突规范的理论研究带来新的启示。在实体法层面上，有关大数据利用方面（具体到健康大数据领域）跨境数据保护实体规则国际协调的研究，能够将国际法原理和规则引入私法领域，更好地解读跨境数据共享相关诉讼的表现形式和利益关系；立足于各国不同的人权伦理理念、产业发展需求及法律规范体系，重新描画数据相关实体权利的内涵和外延，加深对数据人格权、数据财产权等新兴权利的解读；宏观方面还能够获取新兴领域数据共享需求和隐私保护之间利益平衡的重要节点，为丰富反映非地域化数据世界的网络信息法学提供助益。就现实意义而言，在冲突法层面上，通过对侵犯数据信息权而生之合同与非合同之债法律适用规则的系统研究，制定该领域的统一冲突规则，可大幅度提升个人数据保护领域法律适用的稳定性和可预测性。单就我国而言，数据基础制度建设事关国家发展和安全大局，研究与制定该领域的专门冲突规则，是明确跨境数据流通合同及侵权之诉管辖和法律适用依据的必然要求，对维护国家数据安全，保护个人信息和商业秘密，促进数据高效流通使用、赋能我国数据信息产业发展具有重要意义。在实体法层面上，对健康大数据治理统一实体规则的研究，能够为健康App 技术及产品的全球推广和使用提供明确统一的规则标准，降低因各国数据保护标准差异而带来的巨大合规成本；使数据主体在享受健康 App 等新兴技术红利的同时能够更加专业和安全地使用个人信息，并在受到跨境损害时有明确的救济路径和请求权基础；提供参与国际标准探讨的中国方案，能够为我国医疗及大数据相关产业发展和全球竞争扫清障碍；促进健康数据跨境共享，构建当前及将来全球大流行病防控及治疗的数据使用国际合作规则框架。

全书共分为四章。第一章从整体层面探讨个人数据保护的法律适用规则。个人数据保护领域的冲突规则以实现"数据保护"和"数据流通"的平衡为实质正义目标。为协调两者冲突以及增强法律选择的稳定性和可预见性，需以欧盟《个人数据保护指令》❶ 第 4（1）（a）条为蓝本，探索并完善该领域的专门冲突规则，在避免对控制人机构设立地标准作扩张性解释的同时，辅之以数据主体惯常居所地法作为逃避条款。个人数据保护的私法纠纷以契约之诉和非契约之诉为承载，如何将个人数据保护的专门冲突规则与传统契约之诉、非契约之诉的一般冲突规则进行协调成为重要的研究课题。第二章专门探讨云计算这一完全脱离地域限制的数据交流与储存技术对传统冲突规则的挑战，以及大数据背景下数据保护冲突规则的适用与完善。云计算多层次、不透明的契

---

❶ Directive 95/46/EC of the European Parliament and of the Council of 24 October 1995 on the Protection of Individuals with Regard to the Processing of Personal Data and on the Free Movement of Such Data ［以下简称 Directive 95/46/EC］, at：<http://www.wipo.int/wipolex/en/text.jsp?file_id=313007>, accessed 15 July 2022.

约安排特点逐步削减了用户对数据的控制，导致云用户不了解服务结构的广度和复杂性，也不了解数据的最终位置和使用。这使得起源国原则下控制人机构设立地和"设备"使用地规则在云服务领域的适用丧失准确性和合理度。目的国原则将控制人活动所指向的国家作为连结点，不但绕过了起源国原则的技术缺陷，亦使利益衡量的天平适时转向云用户，实现了数据保护领域管辖与法律适用的"平行"。另外，以目的国原则为优先，起源国原则为补正的冲突规则可妥善嵌入一般国际私法体系中：契约之诉中，数据保护法的强行法性质决定了云合同中双方当事人不公平的法律选择条款无效；同时亦排除了区分合同性质确定准据法的必要。非契约之诉中，数据保护的冲突规则亦不违反当前网络隐私侵权纠纷以损害结果发生地为先、侵权行为实施地为后的趋势。第三章从整体层面论述健康大数据领域数据保护统一实体法规则的框架内容及自上而下、自下而上的两种国际协调方法。在大流行传染病的背景下，为充分实现预防和控制大流行病的公共卫生保护与监测目标，需要创建健康大数据治理的国际协调机制，为卫生相关数据的跨境共享和分析提供渠道，并建立相应的保障措施来保护个人隐私和信息安全。这一协调机制由静态的规则和动态的规则实施两部分组成：静态规则包括国家间协商达成的硬法标准和来自研究实践与公众接受的软法规则；而动态实施机制的构建应以协同治理为主，个人权利的普遍救济为辅。通过适当选择及妥善配置协同治理的工具可以实现软、硬法间的有效转化及执行，保留各个治理层面的个人权利救济体系可填补疏漏，从而在全球范围协调好健康数据使用中相互冲突的社会、个人和行业利益，以确保公平获取数据，同时将法律和道德风险降至最低。第四章专门探讨健康大数据治理统一实体规则以示范法形式先行呈现的必要性、可选用的规则工具以及具体内容。大数据分析对敏感信息分类规制和知情同意规则的破坏使传统法律机制丧失功效，将全球生物医学研究、医疗行业发展和公共卫生监控带入了难以逾越的困境。为响应健康大数据治理方面的主要关切，破除数据保护国际法律框架碎片化的现状，需要创建以示范法规则为框架的协调机制，为卫生相关数据的跨境共享和分析提供渠道，并建立相应的保障措施来保护个人隐私和信息安全。数据所有权和相关知识产权的模糊轮廓，足以证明"产权"不是一个适合大数据治理权利的概念。大数据时代的到来呼唤国际示范法规则选取另一种规范框架，以动态化的债之关系为基础构建专业的多主体协同保管范式；并增强责任规则的灵活性和情境化考虑，通过引入信义关系和损害缓解机制来解决相对性关系对数据主体个人权利保护的不足。

　　大数据利用方面跨境数据保护法律适用问题的研究不可避免地涉及几个难解的争论：其一，平衡数据流通和数据保护的利益冲突。本书在冲突规则领域探讨如何以不同连结点的恰当取舍为具体案件提供更加贴近当事人利益需求的法律，避免实体法领域非此即彼的争论。其二，明确数据保护领域特殊冲突规则与传统冲突规则的关系。本书结合数据权独特的法律特征、电子商务交易独特的商业特点以及数据侵权独特的事实表现，探讨如何排列控制人机构设立地法与传统合同以及侵权之诉中各项冲突规则的适用顺序和适用范围。其三，解决在权威国际组织缺位的情况下，如何构建自下而上的健康大数据治理国际协调机制。本书通过结合数据保护影响评价、审计和认证与避风港措施，使协同治理形成了一个闭合的循环，各方主体都能够在其中找到合适的作用位置。其四，"公共利益"例外实施标准的统一。各国公共利益观念的差异导致作为数据主体同意豁免依据的公共利益实施标准很难统一。本书指出可通过程序设计实现国际层面的协调，以适当的程序限制弥补数据主体自主权的丧失，并为其保留寻求个人救济的权利。

目　录

第一章

个人数据保护的法律适用规则研究

第一节　个人数据保护领域冲突规则的价值目标

冲突规则是为了解决国际法律冲突而设立的，其所追求的价值目标分为形式正义和实质正义两个层面：形式正义即实现法律适用的确定性和可预见性，实质正义即实现法律适用结果的正当性。具体到个人数据保护领域的冲突规则，其所追求的实质正义目标与数据保护实体法规则并无不同。综观当今世界主要的数据保护立法文件，可发现均以实现"数据保护"和"数据流通"的双重价值追求为目标。经济合作与发展组织（Organization for Economic Cooperation and Development，OECD）在《关于保护隐私与个人数据跨境流动的指南》（2013）的序言中曾多次提到这两组相对的价值："委员会……认可成员国在促进和保护个人隐私的基本价值、个人自由和全球信息自由流动方面具有的共同利益……建议各成员国在保护隐私和信息自由流动方面展示出政府最高级别层面的领导力和承诺。"❶ 欧盟《个人数据保护指令》第 1 条亦规定："为遵守本指令，各成员国应保护自然人的基本权利及自由，特别是在处理个人信息时涉及的隐私权"，"成员国不得基于本条第一款保护个人权利的理由，限制或禁止成员国间的个人数据自由流动"。GDPR 承继了《个人数据保护指令》，在第 1 条中规定主旨为："创设有关个人数据处理中个体权利保护的规则及涉及个人数据自由流动的规则。"❷ 因而，不同于一般冲突规则所追求的单一实质正义，如物权领域的产权保护、合同领域的交易安全等，数据保护领域的冲突规则需要实现的实质正义是双重价值目标的平衡。正是这种特殊的价值追求导致数据保护领域的冲突规则比一般冲突规则面临更复杂的协调要求：它不但需要协调冲突规则本身形式正义和实质正义之间的冲突，还需要协调实质正义层面数据保护与数据流通之间的冲突。

---

❶ Recommendation of the Council Concerning Guidelines Governing the Protection of Privacy and Transborder Flows of Personal Data（2013），C（80）58/FINAL，as amended on 11 July 2013 by C（2013）79，at：<https://www.oecd.org/sti/ieconomy/2013-oecd-privacy-guidelines.pdf>，accessed May 15, 2022.

❷ Regulation（EU）2016/679 of the European Parliament and of the Council of 27 April 2016 on the Protection of Natural Persons with Regard to the Processing of Personal Data and on the Free Movement of Such Data（以下简称 GDPR）.

欧盟委员会在欧盟《个人数据保护指令》的解释性备忘录中明确指出法律适用条款的任务主要在于避免两种可能：数据主体因控制人刻意规避法律而处于所有保护体系之外；同一数据处理行为受到两个以上国家法律的规制。它更进一步地解释："处理操作可能有一个以上的地点，发生在几个国家"，"因此，需要参照控制者的设立地确定准据法"。❶ 很明显，虽然对数据主体的保护十分重要，但法律的确定性及减轻数据控制人守法负担的要求亦是选择连结因素的重要考量依据。正如部分学者指出的，数据保护领域复杂的平衡需求导致传统国际私法所能提供的解决方案十分有限❷，需要进一步探索这一领域专门的冲突规则。这一专门冲突规则不仅应在技术上解决数据位置难以确定的困难，还应特别关注数据主体在数据交易和流通中的弱势地位。

---

❶ European Commission, Amended Proposal for a Council Directive on the Protection of Individuals with Regard to the Processing of Personal Data and the Free Movement of Such Data, COM（92）422 final-SYN 287, at：<https：//eur-lex. europa. eu/legal - content/EN/TXT/PDF/? uri = CELEX: 51992PC0422&from = DE>, accessed 20 July 2022, p. 13.

❷ Jiahong Chen, "How the Best-laid Plans Go Awry: the（unsolved）Issues of Applicable Law in the General Data Protection Regulation," *International Data Privacy Law*, Vol. 6, No. 4, 2016, p. 321.

第二节　个人数据保护领域的专门冲突规则及其完善

数据保护领域的专门冲突规则主要指以"数据控制人机构设立地"作为连结点的冲突规则。这一规则源自欧盟《个人数据保护指令》第 4（1）（a）条。根据该条的规定，适用控制人机构设立地国法的前提是：控制人在成员国境内设有一个机构，数据处理系在该机构活动范围内实施。欧盟法院（Court of Justice of the European Union，CJEU）因而需承担起两项解释任务：其一是解释"机构"（establishment）并明晰构成指令意义上的"机构"所需要的最低条件；其二是解释机构"活动范围内"（in the context of activities），并进而决定哪一个机构设立地与数据处理最相关。然而，通过对 CJEU 近年判例的梳理可发现，这一标准在适用时面临一些自我矛盾的困境，可能带来法律选择结果价值取向的偏差。

一、控制人机构设立地法的适用困境

（一）对控制人"机构"的解释缺乏明确界限

关于"机构"这一概念，欧盟《个人数据保护指令》本身并没有明确定义。该指令前言第 19 条阐述："在一成员国

领土上设立机构意味着通过稳定的安排实施真实有效的活动"，"其法律形式——是否为具有独立法律人格的分支或附属机构，并不是构成指令第 4 条意义上'机构'的决定性因素"。CJEU 在其一系列判决中沿用了这一解释，并进一步加以说明。

Weltimmo 案❶中，一家房地产中介公司在斯洛伐克登记注册，却在网站上使用匈牙利语言销售匈牙利境内的房产。该公司在其注册的地方未开展任何活动❷，并且频繁变更注册地以逃避数据保护监管。❸ CJEU 为了防止 Weltimmo 公司逃避欧盟法的监管，对"机构"的定义进行了扩张解释，认为公司一名代表在匈牙利常驻的事实就足以满足"稳定的安排"标准的要求，"该代表通过必要的设施在匈牙利境内提供特定服务，行为已符合稳定的安排标准"❹。CJEU 还

---

❶　Case C-230/14 Weltimmo s. r. o. v. Nemzeti Adatvédelmi és Információsza-badság Hatóság（CJEU, 1 October 2015）ECLI：EU：C：201 5：639（以下简称 Weltimmo 案）. Weltimmo 案的主要案情是：在斯洛伐克注册的 Weltimmo 公司经营了一个网站，售卖匈牙利境内的房产。为了这一目的，Weltimmo 公司需要处理这些房产的广告商的个人数据。Weltimmo 公司为潜在广告客户提供一个月的免费广告以鼓励他们签署服务，但在一个月后却忽视所有要求取消合同的申请，继续提供广告服务。当广告客户拒绝支付费用时，Weltimmo 公司就把客户的信息移转给一家讨债公司，由此引发了纠纷。

❷　Weltimmo 案判决书第 16 段。

❸　Weltimmo 案判决书第 11-12 段。

❹　Weltimmo 案判决书第 28 段。

进一步指出，即使仅有"最低限度"（a minimal one）❶ 真实而有效的活动已通过稳定的安排实施，也足以达到欧盟《个人数据保护指令》第 4 条意义上"机构"的标准。由于 Weltimmo 公司运营着数个有关匈牙利房产的不动产交易网站，这些网站使用匈牙利语，并对超过一个月以上的广告收取费用，因此可以认为这个公司在匈牙利实施了真实而有效的活动。❷

Amazon 案❸中，CJEU 参照 Weltimmo 案的判决，再次重申"机构"这一概念应当被宽泛地解释为包含"实施任何真实有效活动的稳定的安排，哪怕是最小的一种"。❹ CJEU 法律总顾问认为在奥地利（消费者所在地）境内恐怕并不存在一个与数据处理相关的亚马逊机构，单纯的网站

---

❶ Weltimmo 案判决书第 31 段。

❷ Weltimmo 案判决书第 32 段。

❸ Case C－191/15 Verein fur Konsumenten Information v Amazon EU 5rl（CJEU，28 July 2016）ECL：EU：C：2016：612（以下简称 Amazon 案）. 主要案情是：一个奥地利的消费者权益保护组织（VKI）在奥地利法院起诉亚马逊（欧盟）公司，指控该公司电子商务合同中的一般性条款和条件属于滥用权利，并要求奥地利法院禁止相关条件使用。亚马逊（欧盟）公司设立于卢森堡，隶属于一个国际邮购集团（亚马逊集团）。这一卢森堡公司通过域名扩展名为".de"（德国域名）的网站向消费者提供服务，它同时也通过签订电子销售合同向奥地利消费者销售产品。争议条款中有一项规定卢森堡法律是解决亚马逊（欧盟）与其客户之间纠纷的准据法；另一项条款规定，买方提供的个人资料将与亚马逊集团的其他公司以及经济信息机构交换。案件在经过一审、二审之后，奥地利最高法院在审理过程中向 CJEU 提出先行裁决申请。

❹ Amazon 案判决书第 75 段。

可访问性不能构成所谓的"机构"，应该选择的准据法要么是卢森堡［亚马逊（欧盟）公司注册地］法律，要么是德国（网站域名扩展名标示地）法。由于奥地利消费者访问的是亚马逊的德国域名网站（www. amazonde），通过这种数据处理的特定安排，德国成为与数据处理相关的机构设立地。❶ 最终，CJEU 采纳了法律总顾问的意见，为构成"机构"的标准划定了新的界限：一方面，建立一个分支或附属机构并不一定满足欧盟《个人数据保护指令》对"机构"设立的要求；另一方面，仅仅网站在某一成员国可访问的事实本身也并未达到在该成员国设有"机构"的标准。法庭通过此案判决明确指出单纯的网站可访问性是不足以形成"机构"的物理存在的，这就为原本宽泛的解释标准设置了一定的限制。

从上述分析可知，CJEU 虽然明确了"机构"设定的两个要件——"稳定的安排"和"真实有效的活动"，但并未阐明"稳定"的程度和"活动"的限度。此外，为了消除欧盟法的监管盲点，CJEU 对"机构"作出了超出常规范围的扩张性解释，无疑更加削减了控制人机构设立地标准的确定性。

---

❶ Opinion of the Advocate General Saugmandsgaard Oein Case C - 191/15Verein fur Konsumenten Information v Amazon EU 5rl（CJEU，2 June 2016）ECLI：EU：C：2016：388（以下简称 Amazon 案 CJEU 法律总顾问意见），at：< https://eur - lex. europa. eu/legal - content/EN/TXT/PDF/? uri = CELEX：62015CC0191&from=EN>，accessed 20 July 2022，para 127.

（二）对控制人"活动范围"的解释宽窄不一

2014 年的谷歌（西班牙）（Google Spain）案中，CJEU 发现数据处理并未在欧盟境内谷歌的任何机构控制下实施。为了避免谷歌（总部设立于美国）逃避欧盟数据保护法规的监管，CJEU 对"活动范围"（in the context of）进行了宽泛的解释，认为谷歌（西班牙）有关广告空间的商业营销活动与谷歌搜索引擎运营中所发生的数据处理行为"不可分割地联系在一起"，因此满足了欧盟《个人数据保护指令》第 4（1）（a）条对数据处理属于控制人所设机构"活动范围内"的要求。❶

Weltimmo 案中，CJEU 参照了 Google Spain 案的判决，重申对"活动范围"应进行宽泛的解释，该标准并不要求数据处理行为一定是由控制人机构自己实施，但是数据处理必须与该机构的业务活动有密切的联系。❷

然而，与上述两案相反的是，在德国脸书（Facebook Ireland，Germany）案中，德国行政法院认为，脸书公司在欧盟内部有两个符合欧盟《个人数据保护指令》第 4（1）（a）条规定的潜在机构，可适用的法律将由与数据处理行为

---

❶ Case C-131/12 Google Spain，SLand Google Inc. v Agencia Española de Protección de Datos（AEPD）and Mario Costeja González（CJEU，13 May 2014）ECLI：EU：C：2014：317，para 56.

❷ Amazon 案判决书第 78 段。

"有最密切联系"的机构所在地决定。法院最终判定德国法并不应适用于脸书公司对德国用户的数据处理行为,因为脸书公司的德国子公司并没有实际处理数据,只负责公共关系和市场营销。❶ 而脸书的爱尔兰子公司负责处理欧洲用户的数据信息,所以爱尔兰法才应是排他适用的准据法。❷ 然而,值得注意的是,Google Spain 案中 CJEU 认为在成员国境内销售广告空间就足以建立起谷歌与该成员国之间的联系。若 Facebook Ireland 案亦适用该标准,则似乎德国法亦可以成为准据法。因为脸书德国分公司虽未处理数据却从事了大量商业活动,符合 Google Spain 案所建立的标准。这样就会导致德国法与爱尔兰法的双重适用问题。

此外,在 Amazon 案中,CJEU 法律总顾问认为该案的一个特殊之处在于,"CJEU 在 Google Spain 案中对欧盟《个人数据保护指令》第 4(1)(a)条的扩张性解释不能适用于此案。除事实上的不同之外,前案需要评价相关数据的处理是否由指令建立的保护框架所涵盖,而本案则需要确定若干成员国法律中,哪一个适用于数据处理行为。也就

---

❶ Case 8 B 60/12 Facebook Ireland Ltd. v Independent Data Protection Authority of Schleswig-Holstein, Germany(以下简称 Facebook Ireland 案),para 6. *See* from Carlo Piltz, Facebook Ireland Ltd. /Facebook Inc. v Independent Data Protection Authority of Schleswig-Holstein, Germany—Facebook is not subject to German data protection law, *International Data Privacy Law*, 2013, Vol. 3, No. 3, p. 211.

❷ Facebook Ireland 案判决书第 7 段和第 9 段。

是说需确定哪个（控制人）机构经营范围内的活动与数据处理最相关。"❶ CJEU 法律总顾问最终排除了奥地利法的适用，认为"虽然被处理的是奥地利消费者的数据，但是亚马逊（欧盟）合同的一般性条款中第 6 条、第 9 条和第 11 条规定的内容（有关数据保护）与其在奥地利提供的售后服务没有任何直接联系"。❷ CJEU 虽然最终将数据保护法律选择的问题留给了奥地利法院自己决定，但对 CJEU 法律总顾问的意见却予以全盘接受，并在其答复中两次加以引用。❸

通过对前述案例的分析可以发现，由于裁判目的的不同，CJEU 在 Google Spain 案和 Weltimmo 案中对"活动范围内"的扩展性解释方法，在 Facebook Ireland 案和 Amazon 案中并未得到采用。因为前两案中，控制人在欧盟内部均未设有超过一个以上的机构，因此无须判断哪一个机构与数据处理行为有更密切的联系；相反，如果控制人在欧盟内部本就设有一个以上的机构，依照此种扩张性解释可能产生多个与数据处理有联系的机构，导致法律的重叠适用。这种相互矛盾的工具性解释方法，将使当事人无所适从，严重降低控制人机构设立地规则的科学性。

---

❶ Amazon 案 CJEU 法律总顾问意见第 125 段。

❷ Amazon 案 CJEU 法律总顾问意见第 125 段。

❸ Amazon 案判决书第 76 段和第 80 段。

二、以价值目标为指引调整控制人机构设立地规则

(一) 避免不当的扩张性解释

正如前文所述，从平衡实质正义与形式正义价值的角度出发，避免控制人逃避法律监管以及各国法律的重叠适用，是确定法律选择规则的主要标准。因此，控制人设立地标准的建立应当限制在恰当范围以内，不能将 CJEU 在 Google Spain 案和 Weltimmo 案中的扩张性解释作为判定"机构与数据处理间密切联系"的普遍标准。法院必须在事实的基础上，通过考量处理操作的"目的"（purpose）和"方式"（means）判定哪一个机构担负着关键的数据处理角色。如果争议所涉数据处理行为与某一机构的联系明显大于另一机构，则前者就应当被视为掌握数据控制的关键角色，只有该机构设立地的法律才能规制当前的数据处理行为。这里的数据处理"方式"不仅与技术问题相关（例如使用硬件还是软件），还与仅能由数据控制人处理或回答的核心实质问题相关，例如"哪些数据应被处理""处理这些数据需要多长时间""谁可以获得这些数据"等。❶

在国际私法上，有关自然人和组织的肯定行动当然是

---

❶　Paul Lefebvre and Cecilia Lahaye, "EU Data Protection and the Conflict of Laws: The Usual Bag of Tricks or a Fight against the Evasion of the Law," *Defense Counsel Journal*, Vol. 84, No. 3, 2017, p. 20.

法院应考虑的确定准据法的重要标准。数据控制人选择确立某一特定辖区的一个自然人或组织的主导地位并利用该辖区法律授予的权利和利益，或采取果断及公开的行动将其数据移交给另一辖区的机构，应可视为确立该辖区及其法律首要地位的依据。GDPR 增添了"主要机构"（main establishment）❶的概念，被一些人认为是解决法律多重适用的曙光。然而，应当注意的是，GDPR 属于公法性质的规则，其设定控制人"主要机构"的目的在于确定控制人在欧盟的主导数据监管当局，这是建立在 GDPR 实体标准高度统一和一站式（one-stop-shop）争端解决要求的基础上的。数据控制人选择的主要机构并不当然成为管辖及法律适用的唯一连结点，忽视国际私法对于法律关系最密切联系的需求，不仅会为控制人"挑选法院"及监管套利提供机会，更可能剥夺对数据主体的合理保护。由此，控制人对主要机构的选择和指定应限制在与数据控制行为有密切联系的范围内。

（二）增补控制人机构设立地法的逃避条款

欧盟委员会在其 2008 年公布的《27 成员国关于侵害隐

---

❶ 参见 GDPR 第 4（16）条。该条规定："控制人主要机构是其在欧盟的主要管理地，除非另一个控制人机构决定了个人数据处理的目的和手段，且后者有权实现这样的决定。在这种情况下，作出此种决定的机构被认为是主要的机构。"

私及与人格有关权利而生之非合同之债法律适用状况的比较研究》（以下简称《欧盟 27 国比较研究报告》）中指出："以控制人机构设立地国法为准据法的主要目标在于减轻跨国公司的成本。这一连结因素的选择因此被视为一种'经济性考量'，并没有将最密切联系的要求考虑其中，而是追求了一种对 IT 公司最有利的物质结果，而不论这个公司究竟在哪国开展其活动。"❶ 不可否认，单一的控制人机构设立地法过于偏向对数据流通价值的关注，必须寻求其他的法律选择规则作为逃避条款，才能矫正数据保护和数据流通价值之间的失衡状态。一个可以考虑的选项是"目标/指向"规则。Amazon 案中，奥地利最高法院向 CJEU 提出的先行裁决申请中包含一个重要的问题："根据欧盟《个人数据保护指令》的规定，控制人在电子商务交易中从事的数据处理行为是否应当由控制人业务活动所指向的成员国的法律来规制?"❷ 欧盟《个人数据保护指令》第 29 条 "数据保护工作组"（Article 29 Data Protection Working Party）曾在《关于

---

❶ *See* "Comparative study on the situation in the 27 Member States as regards the law applicable to non-contractual obligations arising out of violations of privacy and rights relating to personality", (2009) JLS/2007/C4/028, Final Report, at: <http://www. ejtn. eu/PageFiles/6333/Mainstrat% 20Study. pdf > accessed 15 July 2019, pp. 64-65.

❷ Amazon 案判决书第 70 段。

准据法的意见（第 179 号）》（以下简称 WP179 报告）❶ 中
建议参考《关于民商事管辖权承认与执行的第 1215/2012 号
条例》（以下简称《布鲁塞尔条例Ⅰ》）第 17（1）（c）条
关于消费者合同司法管辖权方面的规定设置数据保护领域新
的法律选择规则。❷ 根据该规则，消费者合同的对方当事人
以任何方式针对消费者住所地成员国或者针对包括该成员国
在内的几个国家从事商业或职业活动，且该合同属于这些活
动的范围之内，则消费者得在其住所地法院起诉对方。这一
规则以消费者住所地国为起点，如果套用于数据保护法律适
用方面，必然将法律选择的天平适度调向数据主体一方。

GDPR 第 3（2）条规定，一个国家可以对监测其境内自
然人行为的实体或面向其境内自然人开展营销活动并收集客
户个人数据的实体行使管辖权。❸ 虽然所涉机构可能并未在

---

❶ Article 29 Data Protection Working Party, Opinion 8/2010 on Applicable
Law, 0836-02/10/EN WP179 (Dec. 16, 2010), p. 31, at: <https://ec. europa.
eu/justice/article-29/documentation/opinion-recommendation/files/2010/wp179_en.
pdf>, accessed on 5 July 2021.

❷ Art. 17 (1) (c) of Regulation (EU) No. 1215/2012 of the European Parlia-
ment and of the Council of 12 December 2012 on Jurisdiction and the Recognition and
Enforcement of Judgments in Civil and Commercial Matters. at: <http://data. europa.
eu/eli/reg/2012/1215/oj>, accessed May 15, 2020.

❸ GDPR 第 3（2）条规定："本条例适用于对欧盟内的数据主体的个人数
据处理，即使控制者和处理者没有设立在欧盟内，其处理行为：（a）是发生在
向欧盟内的数据主体提供商品或服务的过程中，无论此项商品或服务是否需要
数据主体支付对价；或（b）是对数据主体发生在欧盟内的行为进行监控的。"

该国境内实际成立，但其活动却深入该国，并直接影响该国境内的自然人。然而，GDPR 第 3（2）条长期以来被指责域外效力过度扩张，存在实际执行困难。[1] 数据控制本身的情形十分复杂。事实上，由外国数据控制实体在另一国主导的某些商业活动可能与该实体处理商业数据的一般过程相去甚远，这类商业活动的存在可能并不足以使该数据处理受制于另一个国家的管辖权和法律。数据控制和个人数据的监测或收集必须与主张管辖权并适用其法律的国家领土有充分的联系。由此，可以将控制人机构设立地法的逃避条款设置为："如果控制人的经营活动指向数据主体住所地或惯常居所地国，且数据处理活动发生在其经营活动范围以内，则应当适用该国的数据保护法。" 双重的限制和要求有助于建立数据控制（或处理）行为与数据主体所在地的密切联系。

第三节　个人数据保护领域专门冲突规则
与一般冲突规则的协调

个人数据保护领域的诉讼类型包含行政诉讼、民事诉讼

---

[1] Omer Tene，Christopher Wolf，*Overextended：Jurisdiction and Applicable Law under the EU General Data Protection Regulation*，*Future of Privacy Forum White Paper*. 2013. GDPR 公布后受到众多指责，认为其造成了欧盟标准在全球范围内的适用，明显违反了国际礼让规则，存在严重的执行困难。

和刑事诉讼三种。其中，只有数据主体或其集体代表人起诉数据处理（控制）者的索赔诉讼才涉及法律选择或冲突法的问题。这类私法诉讼包含契约之诉和非契约之诉两类。个人数据保护领域专门冲突规则的出现，必然带来一个问题——如何协调专门冲突规则与传统契约之诉、侵权之诉中一般冲突规则的关系。

一、个人数据保护契约之诉中冲突规则的协调

个人数据保护领域的契约分为数据主体与数据控制人之间签订的购买商品或服务的消费者合同、数据主体和数据控制人之间签订的商业或专业合同。❶ 这两种合同的冲突规则显然应有一定的区别。

（一）消费者合同方面冲突规则的协调

出于对消费者弱势地位的考虑，世界主要国家在管辖以及冲突法方面均采用特殊的规则对消费者施以适当倾斜：消极方面，规定可排除对消费者不利的协议约定准据法；积极方面，倾向于选择消费者惯常居所地法为准据法。数据主体与数据控制者（或处理者）之间达成的契约，在很多国家被归类为消费者合同。1914 年的《联邦贸易委员会法》授权建

---

❶ Maja Brkan, "Data protection and European Private International Law: Observing a Bull in a China Shop," *International Data Privacy Law*, Vol. 5, No. 4, 2015, p. 260.

立美国联邦贸易委员会（Federal Trade Commission，FTC），法案第 5 部分授权 FTC 处理对消费者不公平和欺骗性的行为，该法案同一部分也同时授权 FTC 保护消费者隐私相关的权利。❶ 虽然数据保护法在欧盟并未被视为消费者法律的一部分，但事实上相当一部分有关数据保护的民事诉讼涉及个人为私人目的在网上与数据控制人签订合同购买货物或服务，只要他的数据是在合同的框架内处理的，那么他就可以依赖《布鲁塞尔条例 I》第 18 条的规定主张作为消费者向其住所地的法院起诉数据控制人。❷ 同时，欧洲国际私法规则在消费者合同方面也倾向于认可有管辖权的法院适用本国法❸，规定只要专业营销人员在消费者的惯常居所地国从事其商业或职业活动或将此种活动指向该国或者包括该国在内的多个国家，则适用消费者惯常住所地法。❹

　　基于此，数据主体可以要求推翻数据控制人提供的消费合

---

❶　Paul Bernal，*Internet Privacy Rights. Rights to Protect Autonomy*，New York：Cambridge University Press，2014，p. 113.

❷　《布鲁塞尔条例 I》第 18 条规定："消费者可以在其所在国的法庭上对合同另一方当事人提起诉讼，无论对方的住所在哪里。"

❸　Regulation（EC）No. 593/2008 of the European Parliament and of the Council of 17 June 2008 on the Law Applicable to Contractual Obligations. at：<https://eur-lex. europa. eu/LexUriServ/LexUriServ. do?uri＝OJ: L: 2008: 177: 0006: 0016: En: PDF>，accessed 15 July 2019. 《罗马条例 I》序言第 24 条提到就具体的消费者合同而言，考虑到这些纠纷通常是相对较小的索赔以及远程销售技术的发展，法律冲突规则应尽可能地降低纠纷解决成本。

❹　参见《罗马条例 I》第 6（1）条。

同中约定的对己不利的准据法。在 Amazon 案中，CJEU 在先行裁决中认定："如果消费者没有被告知其可以援引《罗马条例I》第 6（2）条❶享受强制性法律条款的保护，那么合同中关于法律适用的约定条款应该被认为是不公平的。"❷ 此处 CJEU 即通过消费者保护法的特殊规定排除了合同约定的准据法。然而，在排除合同约定的准据法（即卢森堡法）后，CJEU 却在判定奥地利不能成为亚马逊机构设立地之一的基础上，同样排除了消费者惯常居所地（奥地利）法的适用。这样僵化适用控制人机构设立地法所带来的不良后果是，数据主体可能越来越多地被迫在外国法律下寻求救济，相比于其他领域的消费者，反而电子消费领域的消费者在寻求权利保护方面较为不利。❸ 事实上，在商业合同框架下，数据管辖权或法律的自由选择被限制在合同各方具有同等议价能力的基础上，数据主体可以预见和理解其选择的后果，同时可享受实体法提供的保护。然而，在非商业环境下，自然人之间的社会交往中个人信息的跨界移转通常只是附带的目的，如将个人信息用于艺术、学术、教育、个人、家庭或其他用途，包括一些与自然人的专业或商业活动无关的社交媒体。这种跨

---

❶ 《罗马条例 I》第 6（2）条规定，当事人所做的法律选择不得剥夺消费者惯常居所地国法律的强制性规则对其提供的保护。

❷ Amazon 案判决书第 71 段。

❸ Maja Brkan, "Data Protection and European Private International Law", in EUI Working Papers, Robert Schuman Centre for Advanced Studies, RSCAS 2015/40, p. 15.

界信息流动本身不涉及任何关于法律适用的肯定性选择，或就此而言，不涉及任何有意识的决定。此时数据主体大概只会期望他们能够享受作为本国公民当然应当享有的信息保护权利。除非这种跨境信息移转可能对另一司法辖区相关（从消费者保护到主权国家利益）保护标准造成不可接受的减损，否则没有任何一个主权国家的利益关切可以凌驾于数据主体所在国之上。因此，适当地适用逃避条款，在数据控制人的经营活动指向数据主体所在地法时，适用该法，才能实现跨境电子消费领域管辖与法律适用的平行对应。由此可得出结论，这种包含逃避条款的专门冲突规则与消费者合同一般冲突规则之间并不存在矛盾。

（二）非消费者合同方面的冲突规则协调

数据控制人和处理人之间的契约不是消费者契约。如果数据主体不符合消费者的条件，其与数据控制人订立的合同包含专业或商业的因素，则同样不属于消费者契约。这些非消费者合同应遵循一般合同领域的法律适用规则。首先采用的冲突规则自然是当事人意思自治选择的法律。然而，关于合同双方能否自由选择适用于数据处理及合同框架内数据保护违约行为的数据保护法的问题，目前存在一定的争议。

在司法管辖权和法律选择方面，一国法律对当事人自治的开放程度部分取决于其数据隐私的基本概念。如在欧盟，数据保护法将信息自决权视为一项宪法规定的、个人的基本权利，对于个人数据处理同意采取更严格的要求，相应地，当事人自由选择法律的要求也会提高，尤其是这种选择不能减损数据主体本应享有的数据隐私保护。然而，信息自决权不是绝对的，它必须与其他自由（尤其是信息流通自由）相平衡。一个自然人可能无法自愿约定放弃他（或她）的所有基本数据权利，但应该允许他（或她）在特定情况下和为特定目的放弃一些权利。德国 Facebook Ireland 案中，德国法院认为虽然脸书服务合同的一般性条款中包含了法律适用条款，约定针对德国用户应适用德国法，但在处理国际案件时，只有欧盟《个人数据保护指令》第 4 条和《德国联邦数据保护法案》第 5（1）条决定的数据保护法可适用。这些条款属于《罗马条例 I》第 9 条意义上的强制性条款。❶ 德国法院的推理似乎基于基本权利的观点，认为：既然个人数据保护权属于基本权利的范围，指令系对这一基本权利的具体化，那么当事人就不得以约定偏离基本权利或其实施规则。❷ 遗憾的是，虽然德国联邦最高行政法院向 CJEU 提出了先行裁决申请，CJEU 却未对数据保护规则是否属于强制性条款作出处理。❸ 此外，当前欧盟部分学者亦认同数据保护规则符合

---

❶ Facebook Ireland 案判决书第 4 段、第 5 段。

❷ Jan-Jaap Kuipers, *EU Law and Private International Law：the Interrelationship in Contractual Obligations*, Boston, Martinus Nijhoff Publishers, 2011, at：<http://hdl. handle. net/1814/19915> accessed 20 July 2019, p. 75.

❸ Facebook Ireland 案判决书第 4 段。

《罗马条例Ⅰ》第9条有关强制性法律规定的要求，可以被视为"一国维护其公共利益的关键"，毕竟无论是个人数据的自由流通还是公民的数据权均是重要的公共利益。[1] 虽然在非消费者合同领域，很难说数据主体相比较数据控制人一定是交易中的弱者，不需要像消费者保护法一样使用强行性条款对其予以特殊照顾；但不可否认的是，各国数据保护法律已然在数据流通和数据保护两项价值之间进行了平衡取舍，能够在一定程度上体现该国在此领域公共价值追求的统一方向。如果允许当事人在控制人机构设立地国法或数据主体惯常居所地法，甚至是不相干的第三国法间自由取舍，自然会有损该国政策目标的实现。另外，考虑到全球商业的性质，认为数据隐私领域的所有管辖权和法律选择协议本质上是不公平的似乎是不合时宜的。这也等同于无视商业惯例。在商业惯例中，通常不会将数据保护问题与其他合同问题分开对待，单独约定管辖和法律适用条款。

二、个人数据保护非契约之诉中冲突规则的协调

当代侵权冲突法由三种规则组成，分别是一般规则（即侵

---

[1]　Maja Brkan, "Data Protection and European Private International Law," in EUI Working Papers, Robert Schuman Centre for Advanced Studies, RSCAS 2015/40, p. 31; Carlo Piltz, Facebook Ireland Ltd./Facebook Inc. v Independent Data Protection Authority of Schleswig-Holstein, Germany—Facebook is not Subject to German Data Protection Law, *International Data Privacy Law*, Vol. 3, No. 3, 2013, pp. 210-212.

权行为地法），作为一般规则的例外规则（即共同属人法之例外与最密切联系原则之例外），以及特殊规则（例如产品责任、知识产权侵权或不正当竞争等的法律适用规则）。数据主体对于个人数据拥有人格权和财产权的双重权益，各自承载或实现不同的功能。❶从这一点而言，应将个人数据保护领域的侵权之诉分为数据人格权侵权之诉与数据财产权侵权之诉。

（一）数据人格权侵权之诉中冲突规则的协调

人格权侵权之诉因涉及宪法层面及引发多地损害的问题而有其特殊性，导致该领域有关侵权行为实施地法与损害结果发生地法的争论经久不衰。目前各国对该领域的法律适用规则并无统一规定，欧盟《非合同义务法律适用条例》（以下简称《罗马条例Ⅱ》）回避了这一问题❷，美国各州对隐私侵权的法律选择规则亦不相同。欧洲议会法律事务委员会在2012年公布的《关于修改非合同之债法律适用的欧共体第864/2007号条例的最终报告及对委员会之建议》（以下简称《最终建议案》）中规定，对隐私权和其他相关人格权，包括毁誉所生非合同之债的法律适用问题，原则上适用损失或

---

❶ 参见龙卫球：《数据新型财产权构建及体系研究》，《政法论坛》2017年第4期，第74页。

❷ Regulation （EC） No. 864/2007 of the European Parliament and of the Council on the Law Applicable to Non-contractual Obligations （Rome Ⅱ）, at：<https://eur-lex. europa. eu/eli/reg/2007/864/oj> accessed 20 July 2019.

损害的一个或多个最重要联系因素所在地国法；如被告不能合理预见其行为在前款指定国家的实质性结果时，应适用被告惯常居所地国法。❶ 这一建议是欧盟各国在反复摇摆及多年讨论后达成的最新结论。它将偏向于受害人的损害结果发生地法作为人格权侵权之诉的首选，而偏向于加害人的被告惯常居所地法则成为逃避条款。这显然与个人数据保护领域以控制人机构设立地为核心的法律选择规则相反。

欧盟委员会于《欧盟 27 国比较研究报告》中对加害行为实施地和损害结果发生地之间的分歧进行了详细的比较法分析，指出：在媒体侵犯人格权的非契约之诉领域，对实体法规则最低限度的协调是正当化出版商机构设立地标准的决定性因素。❷ 在非契约之诉中，受害人对于加害行为的发生一无所知，更没有与加害人协商的能力，反而是加害人掌握了行动的所有主动权。在这种本就不公平的情况下，如果以出版人机构设立地法为准据法，意味着出版人可以通过选定设立地点的方式在损害发生之前就事先确定对自己最为有利的法律。正是基于此，为保证冲突规则的适用能够实现双方当事人间最低限度的利益平衡，应选择损害结果发生地法作为人格权侵权之诉的准据法。然而，损害发生地标准要求出版人在遵守设立地国法的基础上还要保证遵守所有潜在受害

---

❶ 刘仁山：《欧盟平衡人格权与言论自由的立法实践——以人格权侵权法律适用规则之立法尝试为视角》，《环球法律评论》2014 年第 6 期，180 页。

❷ 参见《欧盟 27 国比较研究报告》，第 146 页。

人所在国的法律，实属强人所难；且当损害在多国同时发生时，会导致多重法律适用的问题。考虑到这种左右两难的境况，应通过确立一些实体法上的最低共同标准来纠正市场上的不平等或缺陷，为人格权利受侵犯的受害人提供相同的最低保护水平，引导经营人放弃伺机择法的投机主义行为。欧盟《个人数据保护指令》正是实体法和冲突法互为补充的成功例子，该指令之所以能够在第 4 条中包含控制人机构设立地标准是以实现数据保护领域实体性规则一定程度的协调为前提的。❶ 这里，报告将控制人机构设立地法的合理性归结于实体规则对基本权利的保障。而相比欧盟在数据保护实体规则方面的统一程度，国际社会是远为落后的，很难说世界各国均已为数据主体提供了最低程度的实体法保障。那么是否损害结果发生地法就应当成为第一选择呢？

应当认识到，损害结果发生地法面临的最大问题是法律域外适用所带来的执行困难。理论上任何国家的数据保护法都可以对其意图规制的对象产生域外效力，只要纠纷属于该国管辖的范围。例如，奥地利法院可以决定任何对奥地利雇员的敏感数据的违法处理都必须由奥地利法规制，而不管数据控制人的机构设立地在哪里。从保护其本国公民的角度而言，这无疑是没错的，但是从保证法律稳定性的角度而言，这种适用范围的扩张可能对法律选择结果的可预测性产生毁

❶ 参见《欧盟 27 国比较研究报告》，第 148 页。

灭性影响，进一步加剧国际范围内数据保护法律的碎片化。实际上，在实践中亦有相当一部分国家（如德国、波兰、法国、南斯拉夫、葡萄牙）在媒体侵犯人格权的非合同之债领域坚持以加害行为实施地法为核心冲突规则，同时规定了"加害人可预见后果发生地"等适用损害结果发生地法的例外情况和条件❶，同样为受害人保留了在其利益中心寻求救济的机会，弥补了加害行为实施地国实体法上对受害人保障的欠缺。由此可见，在数据人格权侵权领域保留控制人机构设立地法的首选地位并无不妥，只要同时补充以损害结果发生地法为"逃避条款"，并设置适当的适用条件。另外，受害人的惯常居所地作为受害人人格利益最集中的地方，是损害发生地法的重要表现形式，且消除了损害多地同时发生的法律重叠适用问题。而以"控制人经营活动指向"为限制条件，比单纯的"加害人可预见"更加具体和精确，在技术上更能发挥过滤作用。因此，以"目标/指向"为限制条件的数据主体惯常居所地法是数据人格权侵权之诉最为适当的逃避条款。

（二）数据财产权侵权之诉中冲突规则的协调

数据财产具有无形性和非独占性的特征，使其与一般有形物之财产区分开来，为"侵权行为地法"规则的适用带来

---

❶ 参见《欧盟 27 国比较研究报告》，第 89 页。

一些挑战：一方面，数据"无形"导致侵权损害结果的地点难以确定和容易多发，减损了损害结果发生地法适用的准确性；另一方面，数据的"非独占"导致加害行为与领土之间的联系极为模糊，违法数据处理行为可远距离实施，且在不同国家间同时进行。此时再坚持加害行为实施地标准就可能导致多国法律的重叠适用，减损法律适用结果的可预测性。在个人数据跨境流通的背景下，加害行为实施地这一连结点应具体化为个人数据处理行为的发生地。实践中数据处理行为的发生地通常表现为数据控制人机构设立地。此时，以数据控制人机构设立地取代侵权行为实施地法，可以避免违法行为发生地难以确定或违法行为多地同时发生所带来的法律选择的不确定性。❶ 此外，通过设置数据处理行为与控制人机构之间的从属性要求，可建立机构设立地与侵权行为之间的密切联系，中和设立地标准所带来的"挑选法院"问题。更为重要的是，数据新型财产权是近年来引起人们关注和讨论的新课题，其表现形式和法律属性尚在探索与研究阶段❷，从而导致数据人格权和数据财产权在一些情形下难以明确划分。❸ 此时，如果以控制人机构设立地法取代侵权行为实施

---

❶ 参见《欧盟 27 国比较研究报告》，第 64 页。

❷ 参见李爱君：《数据权利属性与法律特征》，《东方法学》2018 年第 3 期，第 68、71 页。

❸ 例如，数据出口人和进口人未经允许以第三人的非敏感信息进行交易，可以视为侵害了第三人的数据人格权，亦可以视为侵害了第三人的数据财产权。

地法作为数据财产权侵权之诉的核心冲突规则，就可以实现
数据保护领域侵权冲突规则的统一，从而绕开数据人格权和
数据财产权难以区分的难题。

另外，侵权行为地法这一一般规则时常会附带一个基
于最密切联系标准的逃避条款。然而，在数据保护领域，
最密切联系原则适宜作为法律适用的指导性原则，却不适
宜作为逃避条款。实际上，最密切联系原则已体现于控制
人机构设立地规则之中。如上文所述，欧盟《个人数据保
护指令》第 4（1）（a）条所规定的设立地本就是与数据处
理行为联系最密切的设立地。且在控制人机构设立地法对
数据主体保护不周时，适用数据主体惯常居所地法亦是最
密切联系原则的一种体现。另外，最密切联系原则这一逃
避条款的存在虽然增加了法律选择的灵活性，但也意味着
降低了法律选择的可预测性。当今网络环境下，数据信息
泄露或传播本就牵涉范围广泛，难寻轨迹，除却与数据处
理及损害发生相关的地点之外，再另留活口既无必要，又
可能带来不可预期的后果。

第四节　启示：我国个人数据保护领域
冲突规则的完善

2010 年《中华人民共和国涉外民事关系法律适用法》

（以下简称《法律适用法》）第 46 条❶是我国立法机关首次就网络人格权侵权的法律适用问题作出明确规定，也是我国个人数据权侵权之诉能够直接援引的核心冲突规则。此外，《法律适用法》第 42 条有关消费者合同的法律适用规则，以及第 44 条的侵权责任法律适用规则也可以在一定条件下作为个人信息保护领域的冲突法规则。尤其是《中华人民共和国个人信息保护法》（以下简称《个人信息保护法》）的出台影响了我国跨国数据流动中的数据保护法律适用，在一定程度上侧面回答了长期存在争议的法律选择问题。但我国个人信息保护领域仍未有专门的冲突规则，《法律适用法》中的相关规则具体到个人信息保护方面均有值得商榷的地方。

一、增加"个人信息处理者机构设立地"作为个人信息权侵权之诉的连结点

我国《个人信息保护法》第 3 条第 1 款将其适用范围确定为在我国境内处理自然人个人信息的活动，似乎是将个人信息处理地作为数据保护法律适用的连结点。然而，以个人信息处理行为地为核心的法律适用规则会引发一定的问题：

首先，《个人信息保护法》第 3 条第 1 款这一规定本身

---

❶ 《法律适用法》第 46 条规定："通过网络或者采用其他方式侵害姓名权、肖像权、名誉权、隐私权等人格权的，适用被侵权人经常居所地法律。"

只是对法律适用范围的表述，并不能完全取代个人信息保护领域的冲突法规则。随着"阿里巴巴""腾讯"等电子商务企业的蓬勃发展，我国也应当考虑如何保护本国信息产业在跨境数据流通方面的利益。"控制人机构设立地"这一连结点为人民法院在以我国企业为被告的跨境数据侵权之诉中适用本国法提供了重要的依据。我国《个人信息保护法》并没有区分数据控制人与数据处理人，而是统称为个人信息处理者。控制人机构设立地自然应当表述为个人信息处理者机构设立地。当然，有关"设立地"标准的解释应当宽窄适中，可以参照欧盟《个人数据保护指令》第4（1）（a）条的规定，通过对控制人"机构"、数据处理与"机构"之间的从属性要求将设立地标准限制在合理范围内：一方面避免规定过于僵化，不符合现实；另一方面避免域外效力的不当扩张。

其次，正如上文所述，随着大数据和云技术的发展，数据处理行为地经常难以确定或处理行为多地同时发生。数据控制人机构设立地与数据处理行为发生地通常是重合的，且比后者更具稳定性和可预期性，能够有效避免潜在法律冲突。比如，我国腾讯公司开发的微信 App 作为即时通信软件，具有电话、短信、社交媒体和电子支付等功能。微信用户签署的《腾讯微信软件许可及服务协议》指明可适用的法律为我国《即时通信工具公众信息服务发展管理暂行规定》（以下简称《即时通信工具管理规定》）。❶ 该规定要求在我国境内从事即时通信工具公众信息服务的实体遵守其规则。❷ 这里提出了一个法律适用的问题：提供在线服务的地点和接受服务的地点可能并不一致。如果以个人信息处理地作为连结点，则服务提供地和服务接受地哪一个算是个人信息处理地呢？而腾讯公司作为设立在中国的公司，无论在何种情况下服务提供地都是中国，个人信息处理者机构设立地作为连结点明显容易确定，也符合《即时通信工具管理规定》的要求。

最后，我国《个人信息保护法》对于个人信息的定义范围广泛，并未区分数据财产权和数据人格权。以个人信息处理地作为单一的法律适用连结点，将引发个人信息保护法律适用规则与传统冲突规则之间的矛盾。如上文所述，传统人格权侵权是以受害人惯常居所地为主要连结点，而传统财产权侵权更多的是以侵权行为发生地为主要连结点。个人信息处理地只能算是侵权行为发生地的一种，很难与受害人惯常居所地相协调。

二、为"受害人惯常居所地"设置限制条件

《个人信息保护法》第 3 条第 2 款将"以向境内自然人

---

❶　参见《腾讯微信软件许可及服务协议》第 8.1.2.1 条第 11 项。网址：https://weixin.qq.com/agreement，2022 年 7 月 1 日访问。

❷　《即时通信工具公众信息服务发展管理暂行规定》第 2 条第 1 款："在中华人民共和国境内从事即时通信工具公众信息服务，适用本规定。"

提供产品或者服务为目的"＂分析、评估境内自然人的行为"等境外数据处理行为包含在适用范围内，很明显是吸收了《通用数据保护条例》第 3（2）条的经验，利用"目标/指向"原则为其域外适用设置了一定的限制；也意味着作为数据主体的境内自然人数据人格权受到侵犯时，其所在地法律的适用应受到"目标/指向"原则的限制。《法律适用法》第 46 条规定将受害人惯常居所地作为网络人格权侵权之诉的唯一连结点，却没有任何限制条件，无疑是不适当的。这与《个人信息保护法》第 3 条第 2 款的规定存在一定的冲突。正如上文所述，受害人惯常居所地法作为控制人机构设立地法的例外和补充，需设置"控制人经营活动所指向"为限制条件，以降低控制人的守法负担。我国冲突法规则可表述为："如果个人信息处理者的经营活动指向个人信息主体住所地或惯常居所地国，且处理活动发生在其经营活动范围以内，则该国的个人信息保护法应当适用。"《法律适用法》第 46 条即使是作为更为广泛的网络侵犯人格权的冲突规则，也不应当毫无限制，例如"加害人可预见"等限制条件仍然是应当具备的。

三、关于当事人约定准据法的效力

在我国，涉外电子消费合同中作为消费者的数据主体可直接援引《法律适用法》第 42 条❶的规定，排除合同约定的对己不利的控制人机构设立地法。针对不属于消费者合同的专业或商业合同，人民法院仍可适用《法律适用法》第 5 条关于公共秩序保留的规定，排除严重损害数据主体权利的合同约定准据法。但公共秩序保留规则灵活性太强，标准过于模糊。更具准确性和说服力的方案是，以《个人信息保护法》属强制性规范为由排除不适当的合同约定。《最高人民法院关于适用〈中华人民共和国涉外民事关系法律适用法〉若干问题的解释（一）》第 10 条将强制性法律定义为：涉及中国社会公共利益的法律、行政法规规定，当事人不能通过协议排除适用，或者不受冲突规则指引直接适用涉外民事关系的规定。《个人信息保护法》虽未被司法解释第 10 条明确列举为强制性规定，但无疑可被归入第 10 条第 6 款的兜底性条款项下。一旦合同双方当事人协议选择的法律减损我国《个人信息保护法》赋予自然人个人信息受保护的权利，则双方约定将不再有效。

本章小结

个人数据保护领域的冲突规则以实现"数据保护"和

---

❶ 《法律适用法》第 42 条："消费者合同，适用消费者经常居所地法律；消费者选择适用商品、服务提供地法律或者经营者在消费者经常居所地没有从事相关经营活动的，适用商品、服务提供地法律。"

"数据流通"的平衡为实质正义目标。为协调两者冲突以及增强法律选择的稳定性和可预见性，需以欧盟《个人数据保护指令》第4（1）（a）条为蓝本探索并完善该领域的专门冲突规则。在契约之诉领域，数据保护法律是否可当然被视为压倒一切的强制性法律尚未有统一定论，当事人自主选择的合同准据法是否会受到数据保护法律的影响，仍需在个案基础上区分合同性质以及可能造成的后果后作出分析和判断。在非契约之诉领域，相比较传统的侵权行为实施地，控制人机构设立地标准更具优势，辅之以受到严格限制的损害结果发生地法作为逃避条款，可以中和控制人机构设立地规则造成的利益倾斜。我国当前缺乏个人信息保护领域的专门冲突规则，需增加个人信息处理者机构设立地规则，并对受害人惯常居所地法的适用设置必要的限制条件，在《个人信息保护法》第3条的基础上进一步形成体系化的、与传统冲突规则相协调的个人信息保护法律适用规则。

第二章

大数据发展与云服务数据保护法律
适用规则研究

近年来，云计算的应用呈指数级增长，不仅拓宽了信息共享渠道，还提高了日常访问更新和满足用户需求的效率。技术的发展必然带来新的法律挑战。基于云计算的实质性纠纷已在多个法律领域暴发，包括个人隐私、知识产权和反垄断等，其中最主要的是与云中存储的数据相关的隐私问题。然而，在解决实体问题之前，首先需要面对的是在侵犯数据隐私的指控下，应适用哪一套法律规则确定云计算各参与方的权利义务。例如，一个澳大利亚人将数据上传到由美国服务提供商提供的云中，应适用哪一国法律解决与存储相关的争端，是作为用户住所地的澳大利亚、作为服务提供者所在地的美国，还是取决于数据的物理位置呢？或是其他更具关联性和合理性的法律？

第一节　云计算服务的特殊性

相较传统互联网服务，云计算具有契约关系灵活、服务结构多层次、数据位置独立等特殊性，在确定云计算相关争端的国际私法规则时，必须考虑这些特征。

一、云服务合同条款的灵活性

云契约的云服务提供者（Cloud Service Provider，CSP）通常都是缺乏资金和人力的初创公司，需要使用他人的设备和资源，例如使用亚马逊或谷歌等主要供应商的储存设施。CSP 需要在适时灵活的基础上调整和增加新的合作者或服务层次，来扩展和增加容量、添加存储空间、更改软件，或者仅仅是为了 CSP 使用的服务能够从第三方获得更有竞争力的价格。[1] 因而，云服务合同条款均保留一定的灵活性，允许 CSP 改变合作方或随时增加服务层次。[2] 也就是说，CSP 在订约初始可能并不知道其整个网络的最终规模和结构。为了

---

[1] Neil Robinson, et al., The Cloud: Understanding the Security Privacy and Trust Challenges, at: < http://www. ssm. com/abstract = 2141970 >, accessed July 15, 2018.

[2] Christopher Mililard, *Cloud Computing Law*, Oxford, Oxford University Press, 2013, p. 89.

保持这种使用分包商的自由，CSP 经常在合同中保留无须进一步同意而嗣后修改协议条款的权利。这些修改可能是细小的，也可能是重大的，甚至会影响云用户数据安全和合同的合规性。实践中，在合同中不设保留，几乎没有限制地分包和共享个人数据是云服务行业常见的现象。

二、云服务的多层次分包结构

云的松散型结构导致主要提供商、分包商、次分包商之间形成一个长链条，众多不同角色的合作方参与到云设施不同部分或层次的操作之中。[1] CSP 和云用户之间的合同通常并不包含提供核心服务设施的其他合作者和下属分包商的信息。这些合作方与云的联系或合同关系往往限于与CSP 的个别协议。此外，合作各方经常变动，往往位于不同的国家，甚至可能同时受多个司法辖区的法律管制。[2] 这导致 CSP 向最终用户提供的关于数据存储最终位置的信息非常少。云用户大多不知道契约链的范围，很难对云服务进行合规性评估。

---

[1]　Kevin McGillivray, Conflicts in the Cloud: Contractsand Compliance with Data Protection Law in the EU, *Tulane Journal Technology and Intellectual Property*, Vol. 17, 2014, p. 230.

[2]　Miranda Mowbray, The Fog over the Grimpen Mire: Cloud Computing and the Law, *SCRIPTed: A Journal of Law, Technology and Society*, Vol. 6, 2009, p. 141.

三、数据位置的独立性

云计算本质上是一种超越国界的活动。CSP 可以在全球范围内为客户提供服务，通过分布在全球各地的一系列中介商或分包商，云中的数据、软件和应用程序可以从世界任何地方访问。利用这些直接或间接的"层"，数据可能存储在一些用户不知其位置或无法控制的服务器之上。这种前所未有的"位置独立"使依靠数据物理位置确定可适用法律的传统规则面临挑战。

第二节　云计算背景下起源国原则的适用

当前数据保护领域的核心冲突规则无疑是起源国原则下的控制人机构设立地规则。起源国原则源于《2000 年 6 月 8 日欧洲议会及欧盟理事会关于共同体内部市场的信息社会服务，尤其是电子商务的若干法律方面的第 2000/31/EC 号指令》（以下简称欧盟《电子商务指令》）第 3（1）条的规定。它要求"各成员国都应当确保在其领土内建立营业机构的信息社会服务提供者所提供的信息社会服务符合该国在已协调领域所制定的法律法规"❶。虽然该条款是不是真正的冲突法规则尚存争议，但它确实点明了信息社会服务原则上应遵守服务提供者所在成员国的法律。❷ 欧盟《个人数据保护指令》第4（1）（a）条沿袭这一规则，规定"控制人在一成员国内设有机构，且数据处理行为在该机构的活动范围内实施，则（所涉数据保护）适用该成员国的法律"。而第4（1）（c）条的"设备"规则要求"若控制人未在任何成员国境内设立机构，为个人数据处理的目的使用某一成员国的设备，除非该设备是为过境目的而使用，则适用该成员国的法律"❸。"设备"使用地可视为控制人机构设立地的一种延伸，亦可归于起源国原则的范畴。然而，起源国原则下的这两条数据保护法律适用规则，在面对云计算时存在一些难以匹配的龃龉之处。

一、云服务中"控制人"身份确定困难

控制人的确定无疑是控制人设立地规则的起始。在 B2B 云服务背景下，就用户和 CSP 的关系而言，前者通常被认为

---

❶ Directive 2000/31/EC of the European Parliament and of the Council of 8 June on certain legal aspects of information society services, in particular electronic commerce, in the Internal Market. at：<https://eur-lex.europa.eu/legal-content/EN/ALL/?uri=CELEX%3A32000L0031>, accessed May 15, 2019.

❷ Recital 22 of Directive on electronic commerce 2000/31/EC.

❸ Arts 4 (1) (c) of Directive 95/46/EC.

是控制人，而后者是数据处理人。理由在于：首先，即使CSP 保持一定程度的自治和决策，数据处理的任务和规范也是由用户通过契约进行明确而严格的定义（尽管通常只是通过使用标准条款正式定义）。其次，只有用户被数据主体直接授权来处理数据，而 CSP 仅是为用户利益而接收信息去处理。最后，正如外包协议那样，云计算服务安排的典型模式均包含服务绩效和服务水平协议（Service Level Agreement，SLA），将用户和提供商绑定在一起，二者不可能成为彼此各自独立的自主控制人。● 但这也并不是绝对的。CSP 作为数据处理人应按照控制人的指示和要求处理数据。但如果 CSP使用数据的方式超出了处理的范围，或者出于自己的目的（例如，为广告、数据开发或某些增值服务）再利用数据，就可能被视为一个控制人或联合控制人。❷

　　然而，在 B2C 云服务领域（尤其是个人用户使用软件云），将用户定性为控制人并不总是合适的，用户在履行控制人义务方面存在诸多障碍。首先，B2C 云服务合同的用户通常不能参与制定标准合同规则，而只能被动接受 CSP 提出

● Perter Hustinx, Data Protection and Cloud Computing Under EU Law. *Third European Cyber Security Awareness Day*, BSA, *European Parliament*, 2010, pp. 1-7.

❷ Article 29 Data Protection Working Party, Opinion 10/2006 on the Processing of Personal Data by the Society for Worldwide Interbank Financial Telecommunication (SWIFT), 01935/06/EN WP 128 (Nov. 22, 2006) (以下简称 WP128). pp. 10-11, at: <https://www.dataprotection.ro/servlet/ViewDocument?id=234>, accessed on 5 July 2021.

的格式合同。这一事实必将削弱用户作为控制人的功能和能力。很明显，即使合同条款违反数据保护法规，用户也没有能力改变这一标准合同，而控制人本应是唯一为数据合法处理负责的人。其次，个人用户作为消费者，同时也是受到数据保护的数据主体。一般而言，如果合同从一方利益出发提出义务要求，同一方就不可能同时成为利益的保护者。数据主体的权利应由控制人保护，而用户不可能既作为数据控制人，又成为受保护的数据主体。

GDPR 第 5（f）条规定，控制人应确保并证明每项数据处理均符合本规例的规定。除数据保护责任的增加以外，条例还将数据处理公平合法的证明责任也交给了控制人。在用户不了解拟议合同规则的实际情况下，是否能够满足要求是非常值得怀疑的。GDPR 第 28 条还为控制人设置了一些形式性的手续要求以证明数据处理合法，但这些填表格、写文件的形式性工作对于个人用户而言，明显无法胜任，只有拥有法务工作人员和法律顾问的公司法人才有这样的能力。

总而言之，在大多数情况下，用户可以被看作云服务的控制人。但在 B2C 合同中，将个人用户视为数据主体使其享受消费者的特权，更符合实际，也能保证数据处理合规性义务的实现。

二、多层次分解结构与控制人机构设立地标准

控制人机构设立地法的适用需满足两个条件，一是控制

人在该国设立有机构，二是数据处理在该机构活动范围内实施。这两项本就存在争议的条件，在云的多层次分解结构下更难以准确判定是否得到满足。

（一）　控制人"机构"（establishment）的判定

根据欧盟《个人数据保护指令》前言第 19 条的规定，"机构"的成立需具备两个条件：稳定的安排和真实有效的活动。[1] 一般而言，一个单纯的服务器并不构成"机构"，而仅仅是一个处理信息的技术设施或工具。[2] 然而，一个数据中心通常包含一座建筑，数名维护服务器、电源、冷却或物理安全的员工，是否就可以视为一个"机构"呢？

云服务多层次的服务结构设计，使控制人与数据中心之间的关系认定变得十分复杂。如果 CSP 的数据中心是专为用户的私有云服务的，则符合"稳定性安排"的要求，可以被视为用户的机构。稍远一步，如果 CSP 使用他人的设备为用户提供云服务——比如租用他人的空间或服务器，此时数据中心是否能够成为用户的机构取决于 CSP 的独立性。CSP 的独立性越强，对他人数据中心的选用和控制力越强，数据中心就越有可能被认为是 CSP 的机构，而非用户的机构。对于公共云这种特殊情况，CSP 的数据中心由

---

❶　欧盟《个人数据保护指令》前言第 19 条规定："在一成员国领土上设立机构意味着通过稳定的安排实施真实有效的活动。"

❷　Article 29 Data Protection Working Party，WP179，p. 12.

多个用户共享，用户对于 CSP 的控制明显小于专为用户服务的私有云，很难将 CSP 自有或租用的他人数据中心视为用户的机构。特别是，如果用户使用公共软件云，而该软件云 CSP 通过使用其他分包商的平台或设施多层次分解服务，则此时用户所使用的仅仅是一个应用程序，大多并不能控制 CSP 对数据中心的选择，因而不可能将数据中心视为用户的"机构"。但是，如果用户使用的是第三方提供的平台云或设施云，则可以对终端数据中心的地理位置等有更多的控制权，此时可以将数据中心认定为用户的"机构"。由此可知，用户是否知晓 CSP 背后的服务结构安排以及他们与最终基础设施供应商之间的关系，必然会在一定程度上影响控制人"机构"的认定。而这种复杂的事实探求必将削减法律适用结果的可预期性。

（二）"活动范围"（context）标准的认定

如果一个数据中心构成了控制人的"机构"，则在一定意义上所有使用其设备的个人数据处理都可能被视为"一定范围内"数据中心的"活动"，因为数据中心最核心的功能就是为数据处理提供设备。这种看法将导致不合理的结果：即使数据全部来源于数据中心所在地国境外，用于用户/控制人在其本国的业务活动，且仅与本国的居民相关，也仍要适用数据中心所在地国法。WP179 报告通过实际举例的方式提出了完全相反的观点：数据中心本身没有可以作为"范围"

的相关独立"活动",因此它不可能符合在数据中心"活动范围"内处理数据的要求。可以说,数据中心内的数据处理应被视为纯粹的"被动"技术活动,在控制人的其他"真正"活动的范围内进行。❶ 因此,数据中心内的技术处理并不是欧盟《个人数据保护指令》前言第 19 条所指的"真正"活动。❷

此外,过往案例中 CJEU 依据裁判目的的不同,对"活动范围"的解释范围宽窄不一。在 Google Spain 案中 CJEU 明确认可 Google Spain 有关广告空间的商业营销活动与谷歌搜索引擎运营中所发生的数据处理行为"不可分割地联系在一起";❸ 而在 Amazon 案中,CJEU 法律总顾问则认为,"CJEU 在 Google Spain 案中对《个人数据保护指令》第 4 (1)(a)条的扩张性解释不能适用于此案"。❹ 很显然,虽然宽泛的解释能够扩大欧盟法的适用范围,但亦可能产生多个与数据处理有联系的控制人机构,导致法律的重叠适用。尤其是云服务形式多样、多面向群体用户,服务结构可以多层次肢解,CSP 更可能在多个国家建立机构,或是使用他人的数据中心及设施,

---

❶ 报告举了个例子,总部位于日本的公司在爱尔兰设有办事处,负责解决与其用户个人数据处理有关的问题;还在匈牙利拥有一个数据中心,专门用来处理和储存个人数据,但只涉及"技术维修"。此时,应将爱尔兰法而非匈牙利法适用于数据中心的处理工作。

❷ Article 29 Data Protection Working Party, WP179, p. 14.

❸ Google Spain 案判决书第 56 段。

❹ Amazon 案 CJEU 法律总顾问意见第 124 段。

执行辅助功能或核心功能，因此更可能重叠适用多种相互冲突的数据保护法律。

GDPR 试图通过增添"主要机构"（main establishment）的概念，解决这种多重法律适用的问题。GDPR 第 4（16）条规定："控制人主要机构是其在欧盟的主要管理地，除非另一个控制人机构决定了个人数据处理的目的和手段，且后者有权实现这样的决定。在这种情况下，作出此种决定的机构被认为是主要的机构。"正如本书第一章第二节所述，GDPR 设定控制人"主要机构"的直接目的在于确定控制人在欧盟的主导数据监管当局，选择主要机构作为唯一的连结因素对于数据保护实体规则千差万别的国际社会而言，可能带来规避法律的潜在风险。实际上，CJEU 已在过往的案例中对如何确定作为法律关系本座的控制人机构设立地提供了指引。Amazon 案 CJEU 法律总顾问已明确提出："本案需要确定若干成员国法律中，哪一个适用于数据处理行为。也就是说需确定哪个（控制人）机构经营范围内的活动与数据处理最相关。"❶

三、"设备"（equipment）标准的不当扩张

（一）数据中心作为"设备"

尽管将数据中心认定为控制人"机构"存在诸多争议

---

❶ Amazon 案 CJEU 法律总顾问意见第 125 段。

和不确定性，但将其认定为控制人"设备"却不存在任何障碍。❶ 然而，"设备"这一连结点的选取在实际适用于云服务时却呈现出各种缺陷：第一，云服务的多层结构导致控制人与"设备"的联系较弱。欧盟《个人数据保护指令》第4（1）（c）条要求控制人必须为数据处理的目的使用某外国设备，才受该设备所在地国法规制。虽然WP179报告对"使用"进行了宽泛解释，认为控制人不需要对设备行使所有权或完全控制❷，但一般情况下该设备至少应当能够听凭控制人用来处理个人数据。❸ 随着云服务的多层次分解，作为控制人的用户与最终服务器或数据中心之间的距离越来越远，其知晓和控制"设备"的能力也越弱，再将第N层分包商的设备认定为控制人与"设备"所在国法的连结点显然是不合适的。第二，"设备"连结点的使用可能导致数据保护法不适当的域外适用。如果私有云用户使用自己或其他CSP在外国的数据中心，则似乎就必须遵守

❶ Article 29 Working Party, Opinion 1/2008 on Data Protection Issues Related to Search Engines, 00737/EN WP148 (Apr. 4, 2008) [以下简称WP148]. p. 11, at: <https://ec. europa. eu/justice/article-29/documentation/opinion-recommendation/files/2008/wp148_en. pdf>, accessed July 15, 2022.

❷ Article 29 Data Protection Working Party, WP179, p. 20.

❸ Article 29 Working Party, Working Document on Determining the International Application of EU Data Protection Law to Personal Data Processing on the Internet by non-EU Based Web Sites, 5035/01/EN/Final WP56 (May 30, 2001) [以下简称WP56]. p. 9, at: <https://ec. europa. eu/justice/article-29/documentation/opinion-recommendation/files/2002/wp56_en. pdf>, accessed July 15, 2022.

该数据中心所在地国法的规定，包括其中的数据出口限制等——即使这些数据跟该国完全无关，或来源于该国境外。这种后果无疑是不合理的，将使控制人承担不必要的义务要求（如在数据中心所在地国设置代理人、采取信息安全保障措施等），从而减损用户使用境外数据服务的积极性。虽然各国法可以例外条款的方式豁免部分不合理义务，但毕竟范围和效果是有限的。第三，在公共云背景下，用户对 CSP 或其"设备"的有效控制程度必然较私有云低，但"设备"作为连结点又不要求其使用具有排他性，就使得每个用户与 CSP 或其"设备"的联系更难清楚断定。第四，"过境"例外的判定缺乏明确标准。欧盟《个人数据保护指令》第 4（1）（c）条要求"设备"连结点的适用须排除为"过境"目的而使用设备。在云服务背景下，数据在不同数据中心之间流动是常见的情形，尤其是一些单纯因为需要平衡"负荷"等技术原因而导致的流动，很难与数据所在位置产生有效的联系。如果个人数据被用于支持本地用户，则不太可能被认为仅是"过境"。而如果数据只与某国境外人员有关，并且外国控制人除在云计算中使用该国数据中心之外没有与该国有其他联系，那么就很可能被视为仅从该国"过境"。然而，欧盟《个人数据保护指令》对于"过境"一词并没有详细的解释与说明，更何况欧盟内部各国在其国内法中对"过境"例外的采纳程度也有差别。❶ 是否能将其作为一个有效且边界明确的限制性例外，以平衡数据保护和数据流通之间的冲突，尚需进一步考量。

(二)"网络浏览信息记录"（cookies）作为"设备"

对数据位置的有效掌控将直接影响到控制人义务的履行，因而在确定可适用的法律时具有重要作用。如前文所述，云服务中大部分情况下，用户是数据控制人，而 CSP 是数据处理人。这意味着在处理信息时 CSP 的位置不是主动自行确定的，仅仅是遵从控制人/用户的指示。但在涉及 cookies 的案件中，情况就变得正好相反。第 29 条数据保护工作组认为："如果一项云服务要求在欧盟某一成员国用户的电脑上存储 cookies 或运行脚本以处理个人数据，则相当于 CSP 使用了该成员国的设备，足以引发该成员国数据保护法的适用。"❷ 这种观点将 CSP 视为使用 cookies 的数据控制人，数据位置的管理由 CSP 负责，CSP 在用户的许可下存储数据。这种推理无疑会导致《欧盟 27 国

---

❶　Hon W. Kuan, Julia Hörnle, Christopher Millard, "Data Protection Jurisdiction and Cloud Computing-When Are Cloud Users and Providers Subject to EU Data Protection Law: The Cloud of Unknowing," *International Review of Law*, *Computers & Technology*, Vol. 26, 2012, p. 160.

❷　Article 29 Working Party, WP148, pp. 10-11; WP179, p. 21; Opinion 5/2009 on online social networking, 01189/09/EN WP163 (Jun. 12, 2009), p. 5, at: <https://ec. europa. eu/justice/article - 29/documentation/opinion - recommendation/files/2009/wp163_en. pdf>, accessed July 15, 2022.

数据保护法》的全部可适用，在实践中为 CSP 带来巨大的合规成本。

另外，有学者指出，只有软件云的 CSP 可以被看作与 cookies 相关的数据控制人。[1] 在软件云下，CSP 向最终用户提供云应用程序，其中包括存储 cookies 或运行脚本，CSP 因此而成为其处理的任何个人数据的控制人。然而一个软件云 CSP 通常会使用平台云和设施云向终端用户提供服务，此时似乎只有软件云 CSP 才应该被视为数据控制人，平台云、设施云 CSP 仅仅是设施提供者，不应被视为数据控制人。此外，如果个人云用户使用平台云或设施云服务，那么平台或基础设施提供商就可能成为个人用户账户/登录详细信息的控制人。但如果用户随后使用平台云或设施云处理个人资料（例如第三方客户的资料），则 CSP 不能被视为使用云服务的个人所处理的个人资料的控制人。

虽然将 CSP 视为数据控制人会导致法律多重适用的不良后果，但是将用户确认为控制人会导致意想不到的法律漏洞。如果一个美国公司（无欧盟常设机构）在美国销售货物或提供服务，在欧盟领域内施放广告并使用 cookies 收集信息，却并不进行销售活动，则欧盟法就可能无法适用。因为这类公

---

[1] Hon W. Kuan, Julia Hörnle, Christopher Millard, "Data Protection Jurisdiction and Cloud Computing-When Are Cloud Users and Providers Subject to EU Data Protection Law: The Cloud of Unknowing," *International Review of Law, Computers & Technology*, Vol. 26, 2012, p. 17.

司在欧盟内没有业务活动，也没有理由处理数据。公司使用cookies 的唯一目的是收集信息而不是（用户）身份识别❶，不符合为数据处理的目的使用"设备"的要求。

可以看到在云计算服务实践中，由于"设备"规则不存在"活动范围"的要求和检验，所带来的法律选择后果似乎一方面范围过于宽泛，另一方面却又并未为数据主体提供足够的保护。

第三节　云计算背景下目的国原则的适用

一、目的国原则的出现

上述分析告诉我们，云服务实践中，用户通常具有双重身份（控制人和数据主体），CSP 在数据保护方面的身份难以认定（是控制人还是处理人）。由于多层次的服务结构安排，用户作为数据控制人因缺少技术和设施（多数是使用服务提供商的数据中心和服务器），难以掌握和控制数据位置。而用户自有或租用的设备、空间或数据中心可能使其受制于遥远的、不太相关的设备或数据中心所在地国法（比如单纯的中间技术处理），却排除一些真正具有相关性的国家的数

---

❶ Lokke Moerel, The Long Arm of EU Data Protection Law: Does the Data Protection Directive Apply to Processing of Personal Data of EU Citizens by Websites Worldwide, *International Data Privacy Law*, Vol. 1, 2010, pp. 12-13.

据保护法的适用（比如利用广告中的 cookies 收集信息）。这些难以解决的困境使起源国原则面临重要的挑战和检验。尤其是，第29条数据保护工作组亦承认起源国原则下"设备"作为连结因素可能是薄弱的，会产生欧盟法在全球范围内适用等"意想不到"的后果，因此建议将"设备"替换为类似于《布鲁塞尔条例Ⅰ》第17（1）（c）条所载的消费者合同司法管辖权方面采用的"目标/指向"规则。❶ 根据该规则，消费者合同的对方当事人以任何方式针对消费者住所地成员国或者针对包括该成员国在内的几个国家从事商业或职业活动，且该合同属于这些活动的范围之内，则消费者得在其住所地法院起诉对方。❷ 套用到数据保护法律适用方面，"目标/指向"规则应转换为："如果控制人的经营活动指向某一成员国，且数据处理活动发生在其经营范围以内，则该国的数据保护法应当适用"。这一检验标准可将数据处理与控制人的经营活动联系在一起，并将该经营活动与某一（或某些）成员国的地域联系在一起。WP179 报告提出了一个有效的观点，既然消费者保护法和数据保护法有一定程度的重叠（例如限制性商业行为领域），则针对消费者契约的目标测试法，亦可同样用来确定可适用的数据保护法。❸

　　"目标/指向"规则是目的国原则的一种表现形式，相比起

---

❶ Article 29 Working Party, WP179, p. 31.

❷ 《布鲁塞尔条例Ⅰ》第17（1）（c）条。

❸ Article 29 Working Party, WP179, p. 31.

源国原则，它更倾向于数据主体一方的利益。GDPR 第 3
(2) 条、第 (3) 条以 "向欧盟居民提供货物或服务，或监控他
们的行为" 取代 "设备"，实际上也是由起源国原则向目的国原
则的一种转换。❶ 然而，不可否认的是，这种转换可能使欧盟条
例的适用范围过分扩张，成为普遍适用的规则。根据 GDPR 第 3
条第 (2) 款、第 (3) 款，与欧盟没有或几乎没有地理联系的
公司将被迫修改它们的整个业务模型，并建立复杂的内部治理计
划（包括设置数据保护人员、数据保护影响评估、对国际数据
传输限制等），以确保遵守欧盟法律。欧盟众多学者提出应重新
审视 GDPR 的域外适用，一个组织不仅需要向欧洲个人 "提供
商品或服务"，或对其进行 "监控"，还需要 "有目的地针对"
欧盟个人，GDPR 才得以适用❷，使用 "目标/指向" 规则可在
一定程度上限制法律在域外的过度膨胀。

二、"目标/指向" 规则的适用标准

"目标/指向" 规则的适用必须解决的关键问题是，控制
人活动的指向性须达到什么程度才足以建立起控制人和指向

---

❶　Omer Tene, Christopher Wolf, Overextended: *Jurisdiction and Applicable Law Under the EU General Data Protection Regulation*, *Future of Privacy Forum White Paper*. 2013, p. 2.

❷　Omer Tene, Christopher Wolf, Overextended: *Jurisdiction and Applicable Law Under the EU General Data Protection Regulation*, *Future of Privacy Forum White Paper*. 2013, p. 6.

国的密切联系。在云服务领域，一些 CSP 可能表面上并未与任何地域有关联，服务是在线提供的，CSP 的营销策略也是地域中立的，云用户在选择使用特定在线服务时可能也并未考虑地域的问题。这种情况下，鉴于在线服务无处不在和随时可访问的特性，很难说只要 CSP 知晓其正在为某国用户提供服务就足以使其服从于该国法律。那么，究竟 CSP 的认知需要达到怎样的程度才能使其行为对用户的指向跨越"单纯的偶然"符合目标/指向规则的要求呢？

　　CJEU 在 Pammer/Alpenhof 合并案中罗列了一份非常详尽的标准清单，从中可以推断贸易商的活动指向消费者居住国：经营活动的国际性；提及从其他成员国到贸易商设立地的商业行程；使用贸易商设立地通用语言或货币以外的一种语言或货币，并可用该语言作出或确认预约；提到的电话号码有国际代码；为方便其他成员国的消费者访问贸易商网站或其中介网站而打造互联网参考咨询服务；使用不同于贸易商设立地的顶级域名；提及由各成员国消费者组成的国际客户群。❶ CJEU 还指出，仅仅贸易商或中介网站在消费者居住国的可访问性不足以构成"指向"；仅仅提及邮件地址或其他合同细节，或使用不同于贸易商设立国通用语言或货币的其

---

❶ Joined Cases C-585/08 Peter Pammer v Reederei Karl Schluter GmbH & Co. KG and C-144/09, Hotel Alpenh of GesmbH v. Oliver Heller, (CJEU, 7 December 2010) ECLI：EU：C：2010：740, para 93.

他语言或货币，也不足以构成"指向"。❶

值得关注的是，鉴于云的全球性和在线性，Pammer/Alpen-
hof 案的某些标准（例如活动的国际性或是否存在国际客户）在
云计算下往往很容易得到满足。即使确有一些 CSP 的业务活动
只指向他们自己的市场或选定的外国市场，但也仅在私有云中较
为常见，公共云中则很难出现这种情况，这无疑使"目标/指
向"规则的过滤作用大为削减。虽然，使用消费者居住国的域
名、以消费者居住国语言提供云服务等都可以佐证 CSP 意图与
该国消费者建立交易关系，但应当认识到单纯的一两个表征不足
以建立指向关系，法官需在每一个个案中，全面综合考量 Pam-
mer/Alpenhof 案的各项指标。正如 CJEU 所指出的，为了确定一
个通过网络或中介经营的贸易商可以被认为其将活动指向某一消
费者居住国，应该保证一点，即从这些网站和该贸易商的整体活
动可以明显看出，贸易商打算与居住在该的消费者做生意。❷
云服务中"目标/指向"规则的认定应当极为谨慎和全面，
排除偶然的联系，避免 CSP 承担超出预期的过重负担。值得
庆幸的是，云用户和 CSP 在举证能力上的差距正好能够中和

---

❶　Joined Cases C-585/08 Peter Pammer v Reederei Karl Schluter GmbH & Co.
KG and C-144/09, Hotel Alpenh of GesmbH v. Oliver Heller, （CJEU, 7 December
2010）ECLI：EU：C：2010：740, para 94.

❷　Joined Cases C-585/08 Peter Pammer v Reederei Karl Schluter GmbH & Co.
KG and C-144/09, Hotel Alpenh of GesmbH v. Oliver Heller, （CJEU, 7 December
2010）ECLI：EU：C：2010：740, para 75.

对"目标/指向"规则过于宽泛的疑虑，毕竟 CSP 最为了解其自身的市场经营方案、服务及网络布局，云用户在证明指向性方面则永远是被动的。

三、目的国原则与起源国原则的关系

正如前文所述，起源国原则向目的国原则的转换，是云服务控制人难定、多层次结构、分包商难控等多种法律技术上的困难所导致的。但即使是从价值取向的角度而言，目的国原则也应优先于起源国原则获得适用。正如第一章第三节所述，欧盟《个人数据保护指令》之所以能够在第 4 条中包含控制人机构设立地标准，是以实现数据保护领域实体性条款一定程度的协调为前提的。很明显，相比欧盟在数据保护实体规则方面的统一程度，国际社会是远为落后的，更何况云服务领域格式合同、服务结构缺乏透明度等多种原因导致数据主体在对自己数据的控制甚至是知情方面均存在重大缺陷，此时若以控制人机构设立地法为首位规则可能并不妥当，会带来利益失衡及控制人"挑选法院"（forum shopping）的问题。当然，目的国原则的适用必须严守"目标/指向"规则的要求，避免过分扩张的解释，使控制人的经营活动与用户的数据处理建立起真实的联系。

另外，先行依据目的国原则确定数据保护准据法，可以解决单纯采纳控制人机构设立地法规则所带来的管辖与法律适用的"不平行"问题。如第一章第三节所述，消费

者保护领域是少有的能够实现管辖权和法律适用规则之间平行对应的领域，对消费者合同争端有管辖权的法院也将适用其本国法律解决争端。❶ 然而，如果具有消费者合同性质的云服务合同机械恪守以控制人机构设立地法为核心的起源国原则，则可能破坏这种平行，导致云合同等信息服务合同领域的消费者保护水平比其他领域低。此时，消费者（数据主体）虽然可以在其惯常居所地国起诉控制人，但是控制人/处理人处理数据时必须遵守的法律却不是数据主体惯常居所地法，而是控制人机构设立地法。相反，如果以目的国原则为优先，起源国原则为例外，则暗合了消费者合同的法律适用规则，实现了数据保护领域管辖和法律适用规则的平行对应。

第四节　云服务争端中数据保护冲突规则的具体适用

数据保护冲突规则和一般国际私法规则之间的关系是解决云服务中数据保护法律适用问题的关键。数据保护法属于公法和私法之间的灰色地带，既可以对违规行为实施行政罚

---

❶　Maja Brkan, *Data Protection and European Private International Law*, Robert Schuman Centre for Advanced Studies Research Paper No. RSCAS 2015/40, 2015, p. 15, at: <http://dx. doi. org/10. 2139/ssrn. 2631116>, accessed July 15, 2019.

款等监管措施，也可以作为合同违约和侵权之诉的法律依据。❶ 只有民事数据保护的诉请才会引发数据保护冲突规则与一般国际私法规则的重叠问题。为区分合同之诉与非合同之诉，对两者的关系分析如下。

一、云合同内数据保护的法律适用规则

（一）合同法律选择条款的有效性

根据一般国际私法规则，合同当事人原则上有法律选择的自由。那么，云合同当事人意思自治选择法律和数据保护冲突规则之间是否矛盾呢？例如，美国 CSP 在爱尔兰境内提供云服务，但是云服务合同的一般性条款规定，对于因本合同产生的所有争议，适用美国法律。这一合同并没有区分数据保护违约和其他合同违约，那么哪一国法律应适用于 CSP 的数据保护违约行为？基于数据保护规则强行法的性质，当云合同当事人协议选择的法律剥夺了云用户依据冲突规则所指向的数据保护法提供的合法保护时，该法律选择条款无效。理由如下：

首先，数据保护规则是不能通过当事人协议修改和排除的强行法。正如第一章第三节所述，尽管存在一定的争议，但当前已有大量欧盟学者认为数据保护规则符合《罗马条例

---

❶ Maja Brkan, "Data Protection and Conflict-of-Laws: A Challenging Relationship," *European Data Protection Law Review*, Vol. 2, No. 3, 2016, p. 330.

Ⅰ》第 9 条有关强制性法律规定的要求，可以被视为"一国维护其公共利益的关键"，其所追求的数据流通自由和个人数据保护均是重要的公共利益。在云服务领域，尽管合同可以约定和划分控制人与处理人之间的关系及责任，但并不能以此对抗数据保护法对控制人全部数据非法处理责任的规定。毕竟数据控制人才负有按照法律规定处理他人委托的个人数据的最终责任，而处理人仅是"代表"控制人或在控制人的指示下行事。❶ 即使控制人通过合同约定将部分数据安全和保密义务移转给处理人，也并不意味着控制人可以不去关注准据法所规定的数据处理的合规性义务规定，控制人的责任不能通过合同约定取消或避免。

其次，云用户的弱势地位决定了在冲突法上对其特殊照顾的必要。如上文所述，云服务的多层次分解结构对云用户来说基本上是不可测的，而且云合同为用户保留的对其数据的控制力通常是较少的❷，相较 CSP，云用户多是处于信息劣势的弱方。同样作为合同关系的弱方，既然消费者合同的当事人不可通过协议选择法律剥夺消费者依据本应适用的法

---

❶　Szilvia Varadi, et al., "The Necessity of Legally Compliant Data Management in European Cloud Architectures," *Computer Law & Security Review*, Vol. 28, No. 5, 2012, p. 579.

❷　Yann Padova, "What the European Draft Regulation on Personal Data is Going to Change for Companies," *International Data Privacy Law*, Vol. 4, No. 1, 2014, p. 45.

律所享有的权利;● 那么云合同当事人约定选择的法律也不得减损用户依据可适用的数据保护法所享有的权利。另外，不得不承认的是，消费者合同的认定在实践中常常存在争议，尤其是云服务在本质上多是混合的，业务和私有活动中使用相同的平台或软件已经变得越来越普遍。针对既可为消费者所购买又可用于商业使用的混合用云服务，CSP 在签订合同时可能并不知晓也无意探究用户的使用目的。这些实质上存在的困难使专门的消费者合同很难从一般的云合同中区分出来，无疑数据保护和消费者保护在冲突法上的趋同处理可以绕开这一难题。

最后，云合同中约定以 CSP 管理中心地法为准据法符合不公平条款的条件。虽然评估云合同中法律选择条款的公平性似乎完全依赖于各国自己的法律，但在一般和抽象的意义上，各国对公平标准的解释和适用方向是趋同的。欧盟《1993 年 4 月 5 日关于消费者合同不公平条款的第 93/13/EEC 号指令》（以下简称欧盟《不公平条款指令》）第 3（1）条规定，未经单独协商的合同条款如果导致双方在合同项下产生的权利和义务严重失衡，违反诚信的要求，损害消费者利益，则应将该条款视为不公平条款。通常，未经协商、权利义务严重失

● 《罗马条例 I》第 6（2）条规定："虽有第 1 款的规定，当事人仍可以依照第 3 条的规定，选择适用于符合第 1 款规定的合同的法律。但是，这样一种选择的结果不能剥夺消费者所享有的保护，这些保护是根据第 1 款所适用的法律所规定的，这些法律是不能通过协议加以减损的。"

衡、违反诚信严重损害弱者利益，是判断不公平条款的常规条件。❶ 实践中，云服务合同通常以格式合同的形式表现，包含管辖及法律选择条款。例如谷歌和脸书公司的合同均规定其管理中心地加利福尼亚州的法律适用于与用户的合同关系。用户与 CSP 签署这些合同时，通常并不会花太多时间去阅读除价格、商品或服务的描述以外作为标准电子合同一般内容的法律选择条款。况且即使花时间仔细阅读合同，也无法修改合同条款，因为他们通常没有讨价还价的知识和能力。这样的条款可能导致云合同各方权利和义务的严重失衡，因为 CSP 的主要管理中心地是其最熟悉且通常精心挑选的数据保护标准较低的区域，它并不一定能够向用户提供本可以期待得到的法定保护。云合同中的排他性法律选择条款，由 CSP 在不可协商的基础上提供且仅对 CSP 有利，应被视为不公平条款。当然，这仅是一种初步推定，CSP 可通过提供相反的事实来否定这种不公平的假设。

　　正如第一章第四节所述，我国《个人信息保护法》应被定性为强制性规则，无疑可排除云合同双方不当的法律选择条款。

---

　　❶　Tobias Mahler, Validity of Choice of Law and Jurisdiction Clauses in Consumer Cloud Contracts Under European Law, Master's Thesis, University of Oslo, 2014, p. 43.

(二) 合同未约定时准据法的确定

在双方当事人未就合同约定准据法的情况下，通常应依合同性质判断所应适用的法律。若云合同可被归为服务合同，则合同受 CSP 经常居住地所在国法律管辖；不属于服务合同的，则适用实施特征履行的合同当事人经常居住地国的法律。云合同中，实施特征履行的一方大多是 CSP，因为正是他将托管服务（从供应应用程序的意义上讲）置于在远程位置运行服务软件的客户支配之下的。[1]

然而，就确定数据保护违约诉请的准据法而言，合同是销售货物、提供服务还是任何其他类型，是否确实相关是值得怀疑的。数据保护标准不是当事人之间可以自由协商的合同问题，违反数据保护规则并不一定构成违约。[2] 因此，似乎很难解释为什么对这一问题的法律选择应取决于所涉合同的类型。由此可知，认可数据保护法律适用规则特别法的性质[3]有其必要性。即使确实以契约之诉的方式诉请赔偿（如数据丢失或损坏等），一般国际私法规则所指向的法律也不

---

[1] Georg Haibach, "Cloud Computing and European Union Private International Law," *Journal of Private International Law*, Vol. 11, No. 2, 2015, p. 261.

[2] Maja Brkan, *Data Protection and European Private International Law*, Robert Schuman Centre for Advanced Studies Research Paper No. RSCAS 2015/40, 2015, p. 18, at: <http://dx.doi.org/10.2139/ssrn.2631116>, accessed July 15, 2021.

[3] Maja Brkan, "Data Protection and Conflict-of-Laws: A Challenging Relationship," *European Data Protection Law Review*, Vol. 2, No. 3, 2016, p. 332.

能与数据保护冲突规则的指向相矛盾。

二、云合同外数据保护法律适用规则

《欧盟基本权利宪章》（*Charter of Fundamental Rights of the European Union*）将数据保护权和隐私权视为两项独立的权利。虽然这两项权利可能确实有部分重叠，但隐私似乎是一个更广泛的概念，它还包括个人数据以外的其他问题，而且并非所有个人数据都必然属于隐私范畴。❶ 然而，应当承认的是，两项权利交织在一起，尤其是在实际诉讼中很难分离开来。CJEU 也在案件中将两个概念混同使用。❷ 而且，这种分离是没有实际意义的。因为如果数据主体希望在民商事案件中追究数据控制人的责任，就需要处理传统的侵权法上争端，以便将数据保护法的语言转换成私法上的用语。

如第一章第三节所述，在经历反复摇摆和修改之后，欧洲议会法律事务委员会公布的关于修改非合同之债法律适用的《最终建议案》规定，隐私权和其他相关人格权所生非合同之债原则上适用损害的最重要联系因素所在地国法；如被告不能合理预见其行为的实质性结果时，则适用被告惯常居

---

❶ Tzanou Maria, "Is Data Protection the Same as Privacy? An Analysis of Telecommunications' Metadata Retention Measures," *Journal of Internet Law*, Vol. 17, No. 3, 2013, p. 26.

❷ 参见 Google Spain 案判决书第 38 段和第 80 段。

所地国法。其中的"损失或损害的一个或多个最重要联系因素所在地国法",是指出版或播送服务的主要指向国。若"出版或播送服务主要指向国"无法确定，则适用编辑管理地国法律。可见在适用顺序上是以损害结果发生地（出版或播送服务主要指向国）为优先，侵权行为实施地法（编辑管理地法、被告惯常居所地法）为例外。

美国各州对隐私侵权的法律选择规则亦不相同。大多数州通过了二次冲突法重述，认可"与当事人联系最密切的地点"，指明相关联系因素包括：（a）损害发生的地点；（b）造成损害的行为发生的地点；（c）当事人的住所、居所、国籍、成立地点和营业地点；（d）当事各方之间的关系（如有的话）中心地。❶

从上述分析可知，隐私侵权的冲突法以侵权行为实施地、损害结果发生地为最主要的连结点。就数据保护领域而言，侵权行为实施地应指个人数据处理行为实施地。然而，在云服务中，由于服务结构的多层次性和分包商的不确定性，用户根本无法准确知道提供商对自己数据实施的处理行为实际发生在何处。控制人机构设立地与编辑管理地、被告惯常居所地一样，均是靠近被告人一端的连结点，同时也是侵权行为实施地法的一种极端形式。CJEU 早在 eDate Advertising 案

---

❶ Section 145（2）of Restatement（Second）Torts，1977，at：<http://www.kentlaw.edu/perritt/conflicts/rest145.html>，accessed May.10, 2022.

的判决中认可了欧盟《电子商务指令》第 3（2）条的起源国原则（信息社会服务提供商设立国）在网络人格权侵权领域的适用。❶ 数据保护领域可类比适用该原则❷，指向控制人机构设立地法。另外，类比欧盟《最终建议案》将损害结果发生地确定为出版或播送服务主要指向国，数据保护领域的损害结果发生地应指控制人活动的主要指向国。综上，可以发现数据保护与隐私侵权在冲突规则连结点的选择并没有实质冲突。而在适用顺序上，两者显然都是以损害结果发生地（目的国）在前，侵权行为实施地（起源国）在后的，并不存在矛盾和冲突。

我国《法律适用法》第 46 条规定，网络人格权侵权适用受害人经常居所地法。这是目前我国数据权侵权之诉能够直接援引的核心冲突规则。然而，这一规则适用于云服务的数据保护，显然会造成 CSP 守法成本过高的后果，影响我国云服务产业的发展。正如第一章第四节所述，为"受害人经常居所地"增设"目标/指示"规则加以限制，并规定在"指向国"无法确定时，适用个人信息处理者机构设立地法，才可实现数据保护和数据流通的妥善平衡。

---

❶　Case C-509/09 eDate Advertising GmbH and Others v. X and Société MGN LIMITED（CJEU, 25 October 2011）ECLI：EU：C：2011：685.

❷　Maja Brkan, *Data Protection and European Private International Law*, Robert Schuman Centre for Advanced Studies Research Paper No. RSCAS 2015/40, 2015, p. 19, at：<http://dx. doi. org/10. 2139/ssrn. 2631116>, accessed July 15, 2019.

本章小结

社会正在向无处不在的网络部署和云计算的大规模使用迈进。然而，现行的法律选择分析理论和规则却落后于这一发展，充其量是笨拙的，有时甚至是不可行的。云服务的数据位置独立、服务结构多层次、参与方不透明等特殊性导致传统起源国原则下的控制人机构设立地及"设备"所在地规则丧失合理性，引发了控制人身份变动难定、"机构"及"设备"确认困难、"活动"范围标准失当等问题。目的国原则的优先适用可在一定程度上弥补起源国原则的缺陷，同时为云服务中处于弱势的数据主体提供特殊保护，以恢复数据保护和数据流通之间的失衡关系。当然，目的国原则的适用要受到"目标/指向"规则的严格限制，避免 CSP 承担不可预见的守法负担。数据保护领域以目的国原则为优先、起源国原则为例外的法律适用规则并不违反一般国际私法，两者是特别法与一般法的关系。仔细选择和应用上述原则和改革可能有助于避免在早期的互联网环境中所犯的许多错误。更重要的是，其将指导云计算法律选择理论的持续发展，从而促进法律适用结果的确定性、可预见性、正当性。

第三章

健康大数据治理和数据保护法律的国际协调

第一节 健康大数据治理：
数据所有权文化向数据管理文化的转变

疾病大流行被定义为一种具有跨国界表现的疾病的全球暴发。公共卫生监测被世界卫生组织描述为"对规划、实施和评价公共卫生实践所需的卫生相关数据进行持续、系统的收集、分析和解释"[1]。这里的卫生相关数据包括涉及个人的个人健康信息，以及反映集体趋势的人口水平数据等综合健康数据。在处理需要追踪接触者并采取隔离措施以控制疾病

---

[1] WHO Regional Office for Africa, Overview (Public health surveillance), at: WHO<https://www. afro. who. int/health - topics/public - health - surveillance >, accessed May 15, 2022.

传播的严重传染疾病时，综合健康数据可能并不足够，因此需要采取部分干预措施记录个人相关的数据。除个人健康信息外，公共健康监测可能还需要依赖其他个人信息，如手机数据或其他地理位置系统。移动电话数据被视为重要依据，可帮助研究人员绘制疫情地图和跟踪人口流动，从而预测未来的疫情暴发地区和实施预防措施。

对大流行病的干预包括几种形式的个人健康数据收集、传播和分析。例如，疾病大流行应对计划要求向第一线卫生工作者以及多管辖和多学科当局报告患病或疑似患病人员的身份。这些计划还可能要求当局采用积极监测症状、隔离、检疫和追踪接触者等方法，包括"积极追踪接触者"。当一种新的或重新出现的病原体引发重大疫情时，迅速获得原始数据和分析数据或其他相关研究结果对于制定快速和有效的公共卫生应对措施至关重要。如果不及时交换有关传染病的临床、流行病学和分子特征的信息，就无法作出有关适当反应措施的明智决定，特别是那些涉及部署新的干预措施或调整现有干预措施的决定。

尽管在面临疾病大流行紧急情况威胁时，跨境信息共享是必要的，但跨境共享会对个人隐私构成独特的更高风险。因为个人健康信息一旦进入另一个司法管辖区，就会受到该辖区法律的约束。接收国的一些法律尤其是涉及国家安全或公共利益的强行法，可能凌驾于披露国关于允许数据使用和披露的现有要求之上。此外，更复杂的是，即使实现了法律标准的统一或信息披露国法律的域外适用，接收国在执行合作协定和在本辖区继续控制、保护跨境信息方面的领土主权时，必将极大地限制披露国控制接受国信息使用的能力。

由上可知，如何在国际层面协调好健康大数据治理规则，确保实现跨境数据最佳共享和合乎道德，同时满足利益相关者的期望，促进利益的公平分配，是解决当前甚至未来的公共健康危机所必不可少的关键核心。

一、健康数据产权化的问题

长期以来，基因以及其他健康数据都被认为不能专利化。众所周知，信息一旦被普遍知晓，就不再具备财产价值。然而，近年来数据财产化逐渐成为流行趋势。尽管大多数欧洲国家的法律普遍认为数据本身不受财产保护，GDPR 却规定个人对自己的数据享有可携带权和删除权等权利。更有许多学者、政策制定者和倡导者根据早期关于个人信息中的财产利益以及人体组织、身体部位的所有权的辩论，主张应该在法律上承认遗传数据和其他健康信息的财产权利。[1] 支持健康数据产权化的理由多种多样，包括：对个人自主权、隐私

---

[1] Paul M. Schwartz, "Property, Privacy, and Personal Data," *Harvard Law Review*, Vol. 117, No. 8, 2004, p. 2094; Mark A. Rothstein, "Ethical Issues in Big Data Health Research," *Journal of Law, Medicine & Ethics*, Vol. 43, No. 2, 2015, p. 427.

和尊严的关注；使个人能够出售他们的数据以获得经济回报；削减大公司日益增强的对个人数据的控制；群体动态和社会互动的需要；❶ 使患者能够获得目前还不能从医疗保健提供者那里获得的有关他们自己的信息。❷

　　理论上，健康大数据领域缺乏数据产权化的健全法律基础。组成健康大数据的信息来源包含电子医疗记录、社交媒体、患者总结、基因组和药物数据、远程医疗、移动应用程序、家庭监测、临床试验、传感设备，以及关于健康、行为和社会经济指标的信息等。很明显，这些信息均属于个人信息。个人信息的描述方式准确地表达了其对于一个人的固有归属感，而不是外在所有权。从本质上讲，数据主体不会将其信息隐私权转让给处理其数据的其他当事方。在大数据背景下，即使是匿名或去识别的数据也可能由于重新组合或分析而被识别，不直接与自然人相关的数据仍可用来窥探和影响私人生活。而知识产权制度旨在激发创造力，也不会保护健康大数据中的基础数据，因为它们的产生不是任何创造性努力的结果。主张对基础数据的知识产权，是对汇编作品版

---

❶　Nadezhda Purtova, "Do Property Rights in Personal Data Make Sense After the Big Data Turn?" *Journal of Law & Economic Regulation*, Vol. 10, No. 2, 2017, p. 218.

❷　Laura Maria Franciosi, Attilio Guarneri, "The Protection of Genetic Identity," *Journal of Civil Law Studies*, Vol. 1, No. 1, 2008, p. 186.

权和数据库特殊权利的曲解。❶

健康数据的产权化将带来的社会成本和风险是巨大的。赋予个人健康数据财产性质，必会使研究人员承担谋求许可的巨额前期成本，而这些成本无疑最终会转嫁给医疗消费者。此外，私人财产的特征（排他性）构成了一种持续的风险，即个人在许可数据使用后，可能收回或缩小其许可范围，从而危及现有的数据资源和分析。对已经纳入大型数据池和分析的个别数据的追溯性撤回或销毁可能严重损害这类研究。更为重要的是，数据所有权对公共卫生监测和干预的影响令人担忧。当前，卫生保健提供者和紧急护理中心可以（甚至被要求）向公共卫生官员报告有关可能导致疾病暴发的症状的数据。公共卫生当局可以利用这些数据跟踪潜在的疫情，实施控制战略，开发诊断工具和疫苗。这次全球流行的新冠病毒感染疫情无疑充分证明了这一点。很明显，在履行关键的公共卫生职能前寻求使用数据的个人同意，将严重妨碍对公共卫生的保护。国内外已有部分学者提出，建立原则上可不经个体同意而直接允许收集、使用的规则，转而

---

❶ Pamela Andanda, "Towards a Paradigm Shift in Governing Data Access and Related Intellectual Property Rights in Big Data and Health-Related Research," *IIC-International Review of Intellectual Property and Competition Law*, Vol. 50, 2019, p. 1074, at: <https://doi.org/10.1007/s40319-019-00873-2>. Accessed on 15 Mar 2021.

将重心放在监管、规制如何合理使用这些健康医疗数据之上。● 但对于如何监管规制缺乏进一步的讨论,尤其是对于如何填补以抛弃通知同意为核心的财产规则可能导致的漏洞、如何协调自我管理和外部的监管规制等问题缺乏有效的论证。

二、健康大数据领域产权规则与责任规则的比较分析

虽然,完善的责任规则可以在一定程度上消除通知同意的缺陷,但它是否能够清除财产规则的负面社会效应,且不减弱财产规则原本的规制效果,需要进行进一步的法经济学分析。在"卡-梅框架"● 下,初始权利分配和财产与责任规则的选择会产生效率、分配和正义三个方面的效果。

首先,在效率问题上,科斯定理告诉我们只要财产权是明确的,并且交易成本为零或者很小,那么,无论在开

● 参见刘士国、熊静文:《健康医疗大数据中隐私利益的群体维度》,《法学论坛》2019 年第 5 期,第 133 页。Pamela Andanda, "Towards a Paradigm Shift in Governing Data Access and Related Intellectual Property Rights in Big Data and Health-Related Research," *IIC-International Review of Intellectual Property and Competition Law*, Vol. 50, 2019, pp. 1052 – 1081, at: < https://doi. org/ 10. 1007/s40319-019-00873-2>. Accessed on 15 Mar 2021.

● 卡-梅框架(C&M Framework)是由美国学者卡布雷西(Guido Calabresi)和梅拉米德(Douglas Melamed)提出的,从法律后果的角度对法律规则进行逻辑分类的分析方法。参见 Guido Calabresi, Douglas Melamed, "Property Rules, Liability Rules and Inalienability: One View of the Cathedral," *Harvard Law Review*, Vol. 85, No. 6, 1972.

始时将财产权赋予谁，市场均衡的最终结果都是有效率的，可以实现资源配置的帕累托最优。这样，交易成本为零时，财产规则比责任规则效率更高。然而，实践中许多因素会共同使天平向一侧倾斜。财产规则和责任规则哪一个效率更高，将取决于一系列因素，包括权益人建立排他性的成本和相对方避免侵权的难易程度等。众所周知，健康数据排他性的建立并不容易，它没有客观明确的边界，知情同意的效果并不佳，责任规则似乎比财产规则效率更高。

其次，在分配问题上，如没有交易成本，则初始权利的配置将直接决定分配结果。此时，财产规则和责任规则对法律关系的调整在分配效果上并无不同。然而，交易成本必然会扭曲分配结果。众所周知，权利的实现成本可能是巨大的，作为数据控制人的大公司无疑在这方面拥有比作为数据主体的个人更为强大的优势。能力较差和较不愿意维护其权利的当事方往往会放弃它们本来可以获得的补救办法，责任规则的分配效果就可能大打折扣。更为重要的是，在责任规则框架下，权利人可获得的"损害赔偿"不一定能够反映其所受实际损害，也不一定能体现相对方对自己活动的评价。相反，为了管理和统一的目的，裁判机构通常在不考虑权利人特殊偏好或实际的情况下，以一种"一刀切"的方式确定赔偿数额（如知识产权法中的法定赔偿）。此时，责任规则的分配作用效果通常会小于财产规则。

最后，在正义价值方面，"卡-梅框架"认为，从经济学的角度而言，大多数社会价值，甚至如公平等非量化价值，都可以用分配价值或效率价值（或两者兼而有之）来进行表示。❶ 然而，在使用个人健康数据进行研究时，出于公平正义的原因必须考虑到个人自治、隐私和尊严等重要的非经济性价值。此外，更广泛的社会健康福利，也是必须关注的重要正义价值。因此，我们寻求的制度应当能够在个人隐私、自治、自决的利益与更广泛的社会福利考量之间取得适当平衡，能够在效率价值、分配价值之外兼顾上述正义价值。这些不能用效率或分配等经济学价值表达的正义价值是无法通过"卡-梅框架"来评断的。

综上可知，在数据主体自我管理范围内，尚不能简单得出责任规则优于财产规则的结论，而完全取消数据主体的事前同意，单纯以责任规则处理健康数据保护的问题，很可能导致分配效果的降低。

三、数据的家长式管理模式

要解决大多数数据消费者缺乏认知的问题，最明显的办法是采取家长式的管理，以代管人取代权利人，监管数据控

---

❶ Guido Calabresi, Douglas Melamed, "Property Rules, Liability Rules and Inalienability: One View of the Cathedral," *Harvard Law Review*, Vol. 85, No. 6, 1972, p. 1105.

制人对个人数据的访问。[1] 代管人（主要是政府主管当局）可直接取代权利人，通过事前的许可或税费和事后的罚款或处罚取代数据主体事前的同意和事后的赔偿请求，来保证权利实现和救济。对涉及一项权利的许可和禁止活动进行更细致的规定，有时比传统上伴随产权而来的宽泛的排他性规定更可取。[2]

　　有学者将上述规则视为"卡-梅框架"外的管制规则。"卡-梅框架"依托于美国的普通法实践，因此以财产规则和责任规则为核心，而忽略了由美国国会和各州议会制定的管制性法案。[3] 管制规则具有不同于财产规则和责任规则的特征，它意味着国家对市场交易的直接干预，由国家限定法益转让的条件。而从数据管理的角度而言，它与财产规则、责任规则的区别仅在于管理的主体发生了变更，在形式上仍然体现为事前的授权和事后的追责。在健康数据使用的领域，公共当局比个人拥有更多关于数据使用实践的信息，能够对数据安全风险作出更有效的事前判断，并

---

　　[1]　Leon Trakman, et al. , "Digital Consent and Data Protection Law-Europe and Asia-Pacific Experience," *Information & Communications Technology Law* , Vol. 29, No. 2, 2020, p. 31.

　　[2]　Henry E. Smith, "Exclusion Versus Governance: Two Strategies for Delineating Property Rights," *The Journal of Legal Studies* , Vol. 31, No. 2, 2002, pp. 454–455.

　　[3]　凌斌：《法律救济的规则选择：财产规则、责任规则与卡-梅框架的法律经济学重构》，《中国法学》2012 年第 6 期，第 12 页。

通过必要的培训和执照管理控制风险。同时，公共当局也拥有更多的资源来完成数据使用的合规性监测，事后向国家支付罚款以支持国家监测和检查职能，这比个人通过诉讼收取金钱补偿更有社会价值。❶ 由此，由公共当局负责事前及事后的管理措施更有可能达到预期的社会效果，由公共当局担任监督者和赔偿的接受者有其特别的合理性。

四、数据主体的自主管理与监管主体的家长式替代管理

既然数据主体自我管理模式不能实现效率价值、分配价值最高，并有效平衡个人隐私与公共健康，那么寻求自我管理之外的外部管理作为替代就势在必行。监管主体家长式的管理模式存在众多优势，它是否可以完全取代数据主体的自我管理，从而完全解决健康大数据发展带来的隐私保护问题呢？这需从以下几个方面思考：

第一，数据主体自我管理模式的缺陷主要存在于通知同意规则。不可否认，健康数据有其特殊的敏感性和重要的个人价值，通知同意规则作为健康数据保护的基础性规则，体现了法律对于敏感数据特殊保护的需求。但这种保护是以数据主体的自我管理为框架的，特别强调的是数据主体的自由意志和自主选择权。在健康数据领域过分强调数据主体的自

---

❶　Jorge L. Contreras, "Francisca Nordfalk, Liability (and) Rules for Health Information," *Health Matrix*, Vol. 29, No. 1, 2019, p. 188.

主权不但不会实现隐私保护的效果，反而会造成私权滥用的负面效果。例如，《美国健康保险携带和责任法案》（*Health Insurance Portability and Accountability Act*，*HIPAA*）被批评允许过多的数据访问（因为个人对研究数据共享的担忧没有得到解决）和限制有用研究数据的共享（因为同意要求阻碍了数据共享）。毕竟，无论通知同意规则如何更改，都不能从根本上解决专业知识无法传递的困难。在缺乏专业性和必要能力的情况下，个人不能有效地决定和处理自己的数据管理，因此需要更加专业和更加中立的家长帮助其管理。

第二，对通知同意规则的全然抛弃必然会被认为相当极端，背离以市场经济和交易自由为核心的评价模式，被一些学者认为极易招致道德反感与社会性恐慌。❶ 但取消通知同意规则并不意味着数据主体完全丧失自主权：人们之所以不能放弃对通知同意的迷恋，一个重要的原因是一旦信息共享，几乎不可能恢复原状。这意味着数据主体需要对数据分享保持事前控制。实际上，家长式的替代管理并没有剥夺事前控制，只是把数据主体自己实施的一次性的事前控制替换为建立于专业协会（或类似公私实体）全面的、定期的风险评估基础上的事前许可或认证。这种认证不但可以激励数据控制人积极履行数据保护义务，还将大部分的管理责任移转到专

---

❶　参见刘士国、熊静文：《健康医疗大数据中隐私利益的群体维度》，《法学论坛》2019 年第 5 期，第 133~134 页。

业的家长身上，而仅为数据主体保留简单的"拍板"权（根据认证结果选择使用某一个 App 或参与某一项研究）。最为重要的是，为了避免从天平一端倒向另一端的错误，家长式的替代管理仍为数据主体保留了提出"反对权"的机会，并没有升华为侵犯性的、越俎代庖式的管理。

第三，以"家长"取代数据主体可以消除责任规则在分配效用上的偏差，从而弥补因取消通知同意规则而带来的空缺。一方面，代管人在行为合规性监管和权利实施方面的能力远高于数据主体，更有利于权利分配效用的实现。另一方面，代管人在信息把握和专业性方面高于数据主体，更能对健康数据的使用价值作出适当判断，并通过事前的许可和规费实现其价值，不会因取消数据主体同意而扭曲分配结果。

第四，必须正确划分家长式管理和自我管理下责任规则的界限。在责任规则领域，数据主体可以起诉未经授权而使用其个人健康数据的控制人，要求赔偿金钱损失。这种赔偿可能是补偿性的，也可能具有惩罚性或训诫性的特点。而公共数据库或专业协会的运行需要规费和罚款的支持，那么这必然会造成控制人可能面临数据主体和"家长"双重索赔或处罚的问题。实际上，两者作用的领域并不完全相同，各有侧重点：其一，"家长"的处罚方式多样，一般体现为公权力行使的方式，包括补救措施（如撤回已发表论文、收回奖助金、收回授权或认证）、禁令（如禁止某科研机构或人员从业）、罚款或罚金（针对违规机构或从业人员）。这与私人诉讼寻求的私法赔偿是完全不同的。其二，除数据滥用之外，数据主体可依一般侵权法上的理由，比如侵犯隐私、欺骗、欺诈以及违反信义义务等（通常在起诉医疗服务提供者的情况下），要求个人金钱补偿。其三，相当一部分人认为有关数据隐私的利益在一些特定情况下可以被理解为一种群体权利。❶ 因此，对于那些可能对个人名誉或财产状况产生重大和具体影响的行为，适合保留以个人为基础的救济行动；而对于更为分散和普遍的危害，应当由公共当局采取适当的处罚行动。其四，个人通常缺乏必要的专业知识、资源和信息来实施监督数据用户的行为，在个人救济困难的情况下遵循和依靠"家长"的救济和处罚是必要的。其五，侵权法上通常并不会为纯粹的荣誉或名誉损害提供特别慷慨的救济，而且成文法的立法通常是缓慢和僵化的，数据主体于诉讼中胜诉的困难也是巨大的。其六，专业协会等公私实体通常需要依靠主管当局完成处罚的执行，这就意味着其行为守则之中必然包含与行政或司法程序衔接的条款，这些条款对于数据主体是否能够既向"家长"投诉又向法院起诉，以及罚款与赔

---

❶ Edward J. Bloustein, *Individual and Group Privacy*, New Jersey: Transaction Publishers, 2017; OmriBen-Shahar, *Data Pollution*, University of Chicago Coase-Sandor Institute for Law & Economics Research Paper No. 854, at: <https://ssrn.com/abstract=3191231>, accessed May 15, 2022.

偿的关系通常是有明确规定的，不会造成对数据控制人的
双重处罚。

第二节　健康大数据治理的国际法律协调框架

家长式管理取代数据主体的自我管理奠定了国际层面
健康数据保护规则的主要基调，即放弃产权规则与责任规
则之争，寻求健康大数据治理的最优模式，以管理规则取
代财产规则成为主要内容。

一、健康大数据治理国际规则模式的选择

对于网络空间中发生的事件的监管，有两种普遍的、同时
又是对立的治理模式值得我们思考。第一个模式是，规则主要来
源于国内法和区域法，而超区域国际法规范只作为补充，特别是
在确定有关管辖权时（法律选择条款）才发挥作用。将管理网
络空间事件的法规建立在地方立法基础上的想法并不新鲜。它的
基础是，网络空间只是一种新的交流形式。因此，原则上，对在
那里发生的事件进行法律评估并不需要制定新的法律措施。❶ 然
而，任何实施这种解决办法的尝试，自然会遇到与不同法律制度
冲突有关的障碍。在这种情况下，由于不相容的政治解决办法，

---

❶ Jack L. Goldsmith, "Against Cyberanarchy," *University of Chicago Law Review*, Vol. 65, No. 4, 1998, p. 1201.

往往不可能达成统一的实质性规定。

反过来，第二个模式以国际法律规则为主导，以其作为网络空间超国家隐私保护机制的基础。❶ 它以一项具有法律约束力的国际协定为正式基础，依协定建立常设性的国际组织。通过授予该组织以必要的能力，制定网络空间行为标准和法律规范，并保证在各缔约国的法律制度中直接生效。同时在条约框架内，设立一个主管机构，负责指导和管理软法及市场自律规则，同时任命或指明一个具有普遍权威的司法当局解决争端。❷ 这一模式将推动建立一个独立的、安全的数据处理空间，在法律上（或在物理上）与网络空间的其他部分分离。因此，它不仅可以保障跨境数据流动的安全，还可以增强对抗其他网络威胁的保护机制。然而，考虑到地缘政治的限制，这一模式迅速实施的可能性似乎不大。关于监管电子监控的新协议谈判失败即证明了这一点。❸

就当前的健康大数据治理而言，似乎比较合适的方案是

---

❶ Julie E. Cohen, "Cyberspace And/As Space," *Columbia Law Review*, Vol. 107, No. 1, 2007, p. 218.

❷ Marcin Rojszczak, "Does Global Scope Guarantee Effectiveness? Searching for a New Legal Standard for Privacy Protection in Cyberspace," *Information & Communications Technology Law*, Vol. 29, No. 1, 2020, p. 39-40, at: <https://doi.org/10.1080/13600834.2020.1705033>, accessed May 20, 2022.

❸ Marcin Rojszczak, "Does Global Scope Guarantee Effectiveness? Searching for a New Legal Standard for Privacy Protection in Cyberspace," *Information & Communications Technology Law*, Vol. 29, No. 1, 2020, p. 35.

选取折中模式。一方面，全球性公共健康危机对信息共享的需求是紧急的，常规性机制的建立需要等待更长远的时机成熟，甚至是全球共同隐私观念等共同道德理念的形成。另一方面，即使任命一个专门负责监管网络空间的权威机构可以一次性解决所有问题，但个人健康信息属于敏感信息的范畴，是各国关注的最后"领地"，要在这一领域实现独立的行动自由必然缺乏各国政府的真正支持。从现实可行的角度而言，比较妥善的方案是在赋予国际法律标准更大意义的同时，并不假定建立一个独立的管辖权，国际法的目的是使共同的保护和管理条款标准化并加以界定，之后可以由国内法加以修正或补充。

二、健康大数据治理国际规则运行模式的选择

（一）协同治理模式

缺乏权威性的国际组织，国际法律标准的演进和执行将面临一定的障碍。因而，健康大数据治理国际协调的实现需要寻求可以替代权威组织的治理主体。合适的治理主体可能并不是单一的，而是多主体配合与协作形成的整体，政府、行业组织、企业自身、数据主体都将在协同治理中找到自己合适的位置和作用。

套用在国际层面上，协同治理模式的优势是显而易见的：第一，与传统的命令和控制方法不同，协同治理机制将在多

个轴上将软、硬法规则混合在一起，使国际协调实现自上而下与自下而上的结合。将来自研究实践和公众接受的软法上升为国家间普遍认可的硬法；反过来，也将国家间协商的硬法通过软法自上而下进一步细化。第二，协同治理的各种工具（从较正式到较不正式的）可以通过或多或少地部署私主体参与而使健康大数据的治理兼具专业性与权威性，平衡数据流通与数据保护，在维护公共健康的同时保护私人权利。比较正式的"协同监管"方法包括协商制定国际规则、鼓励适用行为守则的安全港、合并已有技术标准等。较不正式的协作治理方法包括经审计的自我监管，非正式地将一般性国际标准的解释"委托"给私主体，鼓励以私人协议安排对法律中没有明确规定的不当行为作出惩罚等。❶ 在这些协作治理方法中，很明显主管当局可以将业务结构化地或者较为灵活地委托给专业性的私营部门或与私营部门协作。

（二）个人权利救济的补充作用

虽然从数据所有权文化向数据管理文化的逐步转变是当前数据保护法的普遍发展趋势，但协同治理模式仍需要个人权利体系的补充，坚持在各个治理层面保留对个人权利的普遍救济也应当是国际协调的主要组成部分。一方面，虽然协

---

❶ Margot E. Kaminski, "Binary Governance: Lessons from the GDPR's Approach to Algorithmic Accountability," *Southern California Law Review*, Vol. 92, No. 6, 2019, pp. 1600-1602.

同治理将个人的正当程序权利与系统监管有机结合，但却并不一定能够提供偶然事件下对个人实体权利的救济。即使是以国家主管当局为后盾，监管企业自治所需的巨额资源也不一定能够充分到位，更何况国际层面上负责监管的权威机构本就是缺位的。这意味着，个人权利持有人及其代理人可能不得不做大量的监督甚至执行工作，包括在监管机构未能采取行动时援引司法补救措施。❶ 因此，从硬法到软法各个层面的规则都必须保留个人指控或申诉可以援引的依据。另一方面，个人寻求实体权利救济可以倒逼企业积极参与协作治理，有效地帮助企业建立自己的安全港，免受密集的个人权利制度的影响。由于企业既担心诉讼也担心个人投诉引发的调查，它们更有可能与监管机构联手，帮助界定在其行业内什么可行，什么不可行。

综上，健康大数据治理的国际协调需要明确静态的硬法标准与软法内容，通过协同治理和个人权利救济实现动态的软、硬法转化与执行。

第三节　健康大数据治理规则自上而下的国际协调

健康大数据治理规则自上而下的国际协调寄托于静态的

---

❶ GDPR 第78条、第79条规定提供了个人对监管当局提出申诉及获得一般司法救济的权利。

硬法标准。国际层面的硬法规则体现为有拘束力的国际条约。健康大数据治理的国际条约应当建立该领域不同于其他领域的数据保护的最低标准。最低标准的确立是至关重要的：它一方面可以在跨境数据共享的情况下保证数据主体的权利在接收国得到基本的保护和实际执行，另一方面还可以在促进各国标准趋向一致的同时为其保留根据本国需要的调整空间。面对突发性公共健康紧急事件，至少有以下四个方面的个人数据保护最低标准必须明确。

一、通知同意规则的实施标准

公共健康大数据分析技术的发展使通知同意规则面临新的挑战。目前大多数公司的一键同意式隐私规则，既冗长又套路化，既不能向普通消费者提供有用的信息，也不能从他们那里获得真正的同意。虽然企业的隐私规则可能不需要罕见的天才才能理解，但对于那些不熟悉法律术语、不了解数据分析相关技术知识、也不了解医学术语特殊含义的人来说，它们确实是一项挑战。更何况，大数据分析可能不仅难以理解，而且不可预知，如出现新的分析工具或高级算法、新的意图未知的下游用户等。同意机制还可能利用认知缺陷，比如有限的注意力持续时间、框架式规则和诱导式决策，来误导数据主体对隐私风险的感知。很明显，数据主体对自己数据自我管理失败的根源在于，缺乏作出数据使用方面明智决定所必需的认知和理解。

　　为了应对大数据的挑战，在健康相关研究领域出现了有关通知同意新模式的有益探索，其中反响较大的是广泛同意、反向选择和动态同意。❶ 在广泛同意模式下，数据主体无须就每一项研究表示同意，而仅需从宏观上就特定的一系列研究使用其特定范围内的健康数据表示同意。❷ 为了保证广泛同意的实际有效，必须配备相应的治理和保障措施，例如建立确保数据主体权利的伦理委员会❸，这实际已超出或者说背离了数据主体自我管理的范围，是否同意披露的决定已经不再单纯由数据主体所决定。反向选择是指除非数据主体明确选择不同意，否则研究人员即可任意使用其数据。这一模式的问题在于数据主体可能并没有充分了解数据控制人的隐私规则，特别是在商业数据库或社交媒体使用方面。动态同意模式下，数据主体将保持与研究人员的互动，随着时间的推移不断对新项目表示同意，并可根据任何新的

---

❶　Brent D. Mittelstadt, Luciano Floridi, "The Ethics of Big Data: Current and Foreseeable Issues in Biomedical Contexts," *Science and Engineering Ethics*, Vol. 22, No. 2, 2016, p. 312.

❷　Federal Policy for the Protection of Human Subjects, Fed Regist. 2017, Jan 19, 82 (12): 7149 – 7274, p. 7150, at: <https://www. govinfo. gov/content/pkg/FR-2017-01-19/pdf/2017-01058. pdf>, accessed May 20, 2022.

❸　Kristin S. Steinsbekk, Bjørn Kåre Myskja, Berge Solberg, "Broad Consent Versus Dynamic Consent in Biobank Research: Is Passive Participation an Ethical Problem?" *European Journal of Human Genetics*, Vol. 21, No. 9, 2013, pp. 897-900.

情况撤回他们的同意选择。● 它在数据主体和研究人员之间
提供了一个开放的交流过程，从而确保在研究的过程中考虑
到随情况变化的数据主体偏好，使他们对自己的数据拥有更
多的控制。这种模式模拟了医疗合同，以患者的动态同意应
对随时变更的医疗方案。然而，数据主体与医疗研究人员之
间毕竟很难保证如医生和患者一样的长期稳定接触，数据主
体对医疗研究项目的了解也不可能等同于医疗方案一样感同
身受，动态同意的实际执行效果必会大打折扣。

　　无论选择哪种变异或改良的模式，通知同意都有其不可
消除的局限性。应当认识到，贯穿各种同意模式的共同主线
是，在将数据控制权传递给各个数据主体的同时，数据处理
的风险和责任也被转移到他们身上，遗憾的是同意机制并没
有确保他们具备作出明智决定所需的知识和能力。他们可能
支配了通知条款中包含的所有法律问题，但是没有解决协议
条款中没有明确提到的风险和损害。从本质上说，过分强调
通知的明确、详尽，数据主体的充分知情、完全理解及自主
选择早已脱离了实际，毕竟数据主体无论如何也不可能在短
时间内兼具医学与电子技术的双重专业理解能力。更何况，
以健康数据为基础的研究不大可能对个人造成身体或心理上

● Jane Kaye, Edgar A Whitley, David Lund, et al. "Dynamic Consent: A
Patient Interface for Twenty-first Century Research Networks," *European Journal of Human Genetics*, Vol. 23, No. 2, 2015, p. 142.

的重大伤害，征得个人同意的要求可能更多是为了使个人能够对数据行使类似财产权的排他性权利，而在面对公共健康紧急事件下的大数据分析需求时，这一点可能就要被排在次位了。这就决定了在健康大数据治理方面应当适当放松通知同意规则，至少作为最低标准的国际条约不应再像 GDPR 一样规定得过于详细、严格的通知说明义务，只需要原则性规定个人健康信息获取、利用和公开的通知同意义务即可，至于通知是否需要特定化、什么程度才属于明确清楚等内容条约无须再做表述。毕竟，反对权的设置、数据保护影响评价的披露、软法对具体标准的转化等协同治理工具才能使数据主体的自主决定权得到真正而非表面的保护。

二、公共利益例外的实施标准

"公共利益例外"是获取数据主体同意之外数据共享和转让的最重要法律基础，与健康大数据使用相关的主要集中于数据处理和数据跨境共享两个方面。

(一) 数据处理方面

卫生研究人员一直在开发有效的预防、测试和治疗新冠病毒感染的方法。收集、分析和及时分享丰富的卫生数据是这一前所未有的国际研究的一个关键组成部分。新冠病毒感染科学研究的目标是造福整个社会，以完成一项公共利益的任务为法律基础似乎是自然的选择。GDPR 规定公共利益例外的条款是第 6（1）（e）条，这是欧洲数据保护委员会（European Data Protection Board，EDPB）建议的比"通知同意"更适合临床试验研究的法律基础❶，也是 EDPB《关于在 COVID-19 疫情暴发环境下用于研究目的的健康数据处理指导方针》❷ 中提到的潜在法律依据之一❸。GDPR 为处理用于 COVID-19 研究的健康和遗传数据提供了两种可能的法律依据：第 9（2）（i）条规定出于公共卫生领域的公共利益考虑可以处理敏感数据，例如保护人们免受对健康的严重跨境威胁；而第 9（2）（j）条规定为公共利益、科学研究或历史研究目的、统计目的需要可处理敏感数据。考虑到对明确同意的减损，GDPR 要求这种合法性还必须以联盟或成员国的法律为基础，需要采取适当的、具体的措施来保障数据主体的基本权益，即需符合比例原则、数据最小

---

❶ European Data Protection Board, Opinion 3/2019 Concerning the Questions and Answers on the Interplay Between the Clinical Trials Regulation（CTR）and the General Data Protection regulation（GDPR）（art. 70. 1. b），art. 25.

❷ European Data Protection Board, Guidelines 03/2020 on the Processing of Data Concerning Health for the Purpose of Scientific Research in the Context of the COVID-19 Outbreak, at：< https：//edpb. europa. eu/our－work－tools/our－documents/guidelines/guidelines－032020－processing－data－concerning－health－purpose_ en>.

❸ Stuart McLennan, Leo Anthony Celi, Alena Buyx, COVID-19：Putting the General Data Protection Regulation to the Test, JMIR Public Health Surveill（May 29），6（2）：e19279, p. 1, at：<http：//publichealth. jmir. org/2020/2/e19279/>.

化和数据安全性要求。❶

1. 国家层面的保障措施要求

遗憾的是，COVID-19 的发生证明了 GDPR 对医学研究例外的规定并没有发挥预期的效果。由欧盟委员会资助的当前 H2020 资助计划中的财团绝大多数使用了其他更烦琐的法律理由，比如通知同意，而不是研究豁免。❷ 很明显，尽管有研究豁免的规定，但欧洲的研究人员和研究机构由于担心国家层面的保障措施可能造成的障碍，一直不愿使用它。可以说，GDPR 对于额外保障措施的规定只起到了画蛇添足的效果：首先，在适当保障措施的具体设计方面，GDPR 并没有为会员国提供封闭的规则，从极其严格到极其宽松，只要保证采取一定的技术和组织措施，均不违反 GDPR 的要求。例如，在实施 GDPR 第 9（2）（j）条方面，英国和荷兰规定了为公共利益进行研究申请的其他限制条件，瑞典要求获得伦理委员会批准；芬兰则对技术保障规定了明确的要求。❸

---

❶ Ludmila Georgieva, Christopher Kuner, Article 9. Processing of special categories of data, in Christopher Kuner, Lee A. Bygrave, Christopher Docksey, eds. *The EU General Data Protection Regulation（GDPR）: A Commentary.* New York, Oxford: Oxford University Press; 2020, p. 381.

❷ Stuart McLennan, Leo Anthony Celi, Alena Buyx, supra note 2, p. 2.

❸ Regina Becker, et al., "COVID-19 Research: Navigating the European General Data Protection Regulation [published online ahead of print, 2020 Jul 22]." *Journal of Medical Internet Research*, Vol. 22, No. 8, 2020, p. 7, at: < doi: 10.2196/19799>, accessed on 20 July 2020.

这些千差万别没有底线的规定，使保障措施要求丧失了本来存在的意义。其次，医疗保健数据的使用还必须符合各国的医疗保密法规，双重的规则差别将导致欧洲各地形成一套由各种不同的条款组成的、用以处理大疾病流行研究的个人健康数据的拼凑体系，无助于需要全球跨境共享和及时解决方案的领域。最后，敏感与非敏感数据的划分在当前大数据和AI技术发展的背景下存在重大困难，必将导致额外保障措施缺乏明确的适用界限。

2. 程序上的反对权设置

相较过于灵活的实体规则，适当的程序限制可以弥补数据主体自主权的丧失，为其保留寻求个人救济的权利。GDPR 第 21（6）条引入了反对权的概念，规定数据主体保留有反对控制人以研究例外为依据处理数据的权利，只是在确为公共利益需要时，该项反对权才将受到限制。❶ 这意味着公共利益这一检验方式在 GDPR 的两个部分分别单独运行，呈现出不同的适用标准。也就是说，满足 GDPR 第 6（1）（e）条、第 9（2）（j）条的公共利益要求，数据控制人可以不征求数据主体的同意而使用数据，却并不一定能够驳斥第21 条授予数据主体的反对权。GDPR 的这一复杂设计，目的

---

❶ GDPR 第 21（6）条规定："除了为执行公众利益任务所必要的数据处理，数据主体有权基于其自身特殊情况随时拒绝根据第 89 条第 1 款的规定为科学研究或历史研究目的、统计目的而进行的处理行为。"

似乎是想在公共利益实质内容存在巨大争议的情况下，以程序设计保证个人隐私与公共健康之间的平衡。正如因双方当事人存在能力差距需实施举证责任倒置，既然寻求各个数据主体的同意存在巨大困难，即可通过先行赋予"为公共利益的研究"一定的优势，而反过来要求数据主体为自己主张反对权提供理由和说明。这种程序上的矫正补足了研究人员主张的困难，同时又在可行的最大范围内，使"个人控制需要"得到保护和尊重❶，更适合作为最低标准实现国际协调而非加重分歧。

3. 医学研究例外的合理限制

在研究豁免下，为研究目的处理健康数据可豁免部分一般数据保护规则，例如 GDPR 第 5（1）（b）条规定的目的限制原则，GDPR 第 5（1）（e）条规定的储存限制原则。如果是实现研究目的所必需，健康数据可以比一般数据最小化原则所允许的储存时间更长、用途范围更广。此外，GDPR 第 17（3）条规定的数据主体的被遗忘权、第 14（5）（b）条规定的知情权亦可因研究目的的需要而限制。甚至 GDPR 还允许欧盟各成员国以本国法进一步规定研究例外对

---

❶ Mark J. Taylor, Tess Whitton, "Public Interest, Health Research and Data Protection Law: Establishing a Legitimate Trade-off Between Individual Control and Research Access to Health Data," *Laws*, Vol. 9, No. 1, 2020.

普通数据保护制度的其他豁免。❶ 当然，为了抵消这些克减，GDPR 第 89（1）条规定为研究目的处理个人数据须规定适当的"技术和组织措施"，以保障"数据主体的权利和自由"。GDPR 第 9（4）条规定由成员国自行决定是否"在处理遗传数据、生物特征数据或有关健康的数据方面设定进一步的限制条件"，以提供相应保障。正如上文所言，GDPR 对于额外保障措施的规定是开放性的，在成员国没有立法补充的情况下，GDPR 有关研究例外的规定将直接适用，相应对一般数据保护规则的克减也将直接适用。在健康大数据使用中，这必然会带来一种潜在风险：参与健康数据池的大数据控制人可能会利用用户的特殊数据创建新的统计模型，这些模型反过来在更广泛的数字市场中达成对关联用户的"歧视"结论。鉴于医学研究例外规则对数据主体权利的减损，数据主体对这些研究及统计结果的对抗手段较弱。当然，GDPR 第 162 条注释指出，为研究目的而进行的个人数据处理不能导致对单个自然人的分析活动和其他决定。但必须承认的是，在大数据分析的背景下，明确区分数据的二次用途

---

❶ GDPR 第 89（2）条规定："当为科学或历史研究目的、统计目的进行个人数据处理时，欧盟或成员国法律可以针对第 15、16、18 和 21 条规定的权利和本条第 1 款规定的安全保护措施设定克减条款，当上述这些权利可能对特定目的的实现产生不可想象或严重的损害，则该克减对目的的实现是必不可少的。"

是极其困难的。❶ 为了阻止医学研究对健康数据的二次商业利用，必须将"研究"概念归于以公共利益为导向的数据处理目的之中。❷ 这意味着，如果健康数据进一步用于商业目的，即在研究项目范围内设计用于商业目的的统计模型，则应重新恢复"全面的"一般数据保护法制度，取消研究例外规则对数据主体权利的减损。然而，GDPR 第 9（2）（j）条将公共利益和科学研究相并立，似乎意味着科学研究不仅包含了为公共目的的研究，也包含了商业导向的研究。这必然会为使用健康大数据的医学研究留下二次商业利用个人健康数据的方便之门，使健康数据主体甚至不能取得如普通数据主体一般的对抗手段。由此，健康大数据治理规则应当将医学研究局限于公共目的范畴，作为公共利益例外的一种特殊表现形式，而避免借口科学研究掩盖对健康数据的二次商业利用，不当减损数据主体权利。

（二）数据跨境共享方面

面对一场真正的全球大流行，医疗研究及管理人员显然需要进行合作，并在国际上迅速共享数据。GDPR 为数据传输提

---

❶ Tal Z. Zarsky, "Incompatible: The GDPR in the Age of Big Data," *Seton Hall Law Review*, Vol. 47, No. 4, 2017, p. 1008.

❷ Giulia Schneider, "Health Data Pools Under European Policy and Data Protection Law: Research as a New Efficiency Defense?" *Journal of Intellectual Property, Information Technology and E-Commerce Law*, Vol. 11, No. 1, 2020, p. 65.

供了三个可能的法律基础：（1）欧盟委员会对第三国或国际组织的正式的"充分"决定（第45条）；（2）适当的保障措施（如标准合同条款或公共当局之间具有法律约束力的文书所规定的保护）（第46条）；或（3）针对具体情况的克减条款（第49条）。在可用于应对大流行的众多数据移转手段中，欧盟委员会作出的"充分"决定是最直接的，因为它允许数据向与欧盟保护条件相同的经济体移转。然而"充分"决定的作出十分复杂，它经常仅覆盖特定的部门。何况，如果作为接受国的第三国为应对COVID-19采取"攻击性"的数据收集和处理做法，也可能危及"充分"决定的持续有效性。❶还有一种选择是采取GDPR第46条规定的适当的转让保障措施。公共当局或机构之间具有法律约束力和可执行性的协议可能是令人满意的保障，特别是就公共卫生当局之间的交流而言。然而在公共卫生保障领域，目前几乎没有可执行的协议存在。当然，数据控制人也可以依赖欧盟委员会提供的标准合同条款完成数据转让。然而这些条款的一个显著问题是，他国政府部门、公立大学或卫生研究中心并不会同意在欧洲的法院解决相关合同争

---

❶　Docksey Christopher, Kuner Christopher, "The Coronavirus Crisis and EU Adequacy Decisions for Data Transfers," *European Law Blog*, April 3, 2020. at：＜https：//europeanlawblog.eu/2020/04/03/the-coronavirus-crisis-and-eu-adequacy-decisions-for-data-transfers/＞, accessed on 20 July 2020.

议。❶ 况且这些私人合同条款或协议安排需要获得数据保护当局的批准，不太可能提供临时和快速的解决方案。很明显，前两类数据移转途径在当前危机中的作用可能比较有限，至少在短期内是这样。适用克减条款是当前为跨境数据传输提供法律基础的最简单方法。

GDPR 与防治流行病最相关的两项克减是，出于公共利益的重要原因需要进行数据传输❷或有必要保护数据主体及其他人士的重大利益。❸ GDPR 的解释指明这些减损适用于监测流行病及其传播❹或追踪传染病接触者❺等情况。很明显，GDPR 第 49（1）条所规定的公共利益和重大利益标准比其第 6（1）条规定的作为数据处理合法基础的"公共利益"要严格得多❻，只能在限制性条件下使用。例如，公共利益例外只适用于欧盟或成员国法律认可的利益。❼ 此外，正如

---

❶ Regina Becker, et al, "COVID-19 Research: Navigating the European General Data Protection Regulation," *Journal of Medical Internet Research*, Vol. 22, No. 8, 2020, p. 9, at: <doi: 10. 2196/19799>, accessed on 20 July 2020.

❷ 参见 GDPR 第 49（1）（d）条。

❸ 参见 GDPR 第 49（1）（f）条。

❹ 参见 GDPR 序言第 46 条。

❺ 参见 GDPR 序言第 112 条。

❻ Mark Phillips, "International Data-sharing Norms: From the OECD to the General Data Protection Regulation (GDPR)," *Human Genetics*, Vol. 137, No. 8, 2018, pp. 575-582, at: <https://doi. org/10. 1007/s00439-018-1919-7>, accessed on 20 May 2022.

❼ 参见 GDPR 第 49（4）条。

CJEU 多次提出的，对数据保护权利的减损必须加以严格解释，"必要性"是决定是否可以使用减损的关键因素。CJEU 在 Schrems 案中指出，为了保护数据主体的切身利益（包括由于重大公共卫生风险），允许将航空公司乘客的数据从欧盟转移到加拿大当局，但移转将仅限于必要的特殊情况，而且有严格的必要条件。❶ 鉴于跨界数据移转对旨在防治病毒的数据处理活动至关重要，在目前的情况下确实具备"必要性"。但是，"必要性"无疑应有实质性的证据证明，例如无论在医学标准还是科学标准下，这种转移都是寻找疾病大流行解决方案的必要条件。值得关注的是，严格的要求并不意味着克减条款涉及的数据传输必须是偶然的和非重复性的。❷ 这种错误的认识可能不当限制克减条款的持续性使用。毕竟抗击疫情是一个长期性的活动，世界各地的疫苗开发和实现可能需要几年时间，医学研究和治疗的数据使用从本质上就是不断重复的。

---

❶　Case C-362/14Schrems v Data Protection Commissioner（CJEU，6 October 2015）ECLI：EU：C：2015：650，para 92，at：<http://curia. europa. eu/juris/document/document. jsf; jsessionid = F1354F18D96ADC98CC629C48D3C7B923? text = &docid = 169195&pageIndex = 0&doclang = EN&mode = lst&dir = &occ = first&part = 1&cid = 4927547>，accessed on 5 July 2021.

❷　European Data Protection Board，Guidelines 2/2018 on Derogations of Article 49 Under Regulation 2016/679，*GUIDELINES*（May 25，2018），pp. 4-5，at：<http://edpb. europa. eu/sites/edpb/files/files/filel/edpb guidelines 2_2018_derogations en. pdf>，accessed on 5 July 2021.

三、数据保护影响评估的必要内容

GDPR 第 35 条要求在数据处理可能对自然人的权利和自由造成高风险时，需进行数据保护影响评估（Data Protection Impact Assessment，DPIA）。欧盟第 29 条数据保护工作组在其风险评估指南中对这一标准进一步细化，规定当处理涉及敏感数据、易受伤害群体（如患者）的数据，或基于新技术、对现有技术的创新使用时，应认为该处理可能导致高风险。❶ 我国《个人信息安全规范》规定数据控制人应设置专门的个人信息保护人并建立个人信息安全影响评估制度，在产品或服务发布前，或业务功能发生重大变化时，在法律法规有新的要求时，或在业务模式、信息系统、运行环境发生重大变更时，或发生重大个人信息安全事件时，开展个人信息安全影响评估。❷ 美国《健康保险流通与责任法案》（*Health Insurance Portability and Accountabilith Act*，HIPAA）建议其覆盖下的实体每年进行一次风险评估，以确保符合 HIPAA

---

❶ Article 29 Data Protection Working Party, Guidelines on Data Protection Impact Assessment (DPIA) and Determining Whether Processing is "Likely to Result in a High Risk" for the Purposes of Regulation 2016/679, 17/ENWP248rev. 01, (Apr. 4, 2017) [以下简称 Guidelines on DPIA]. at：<https://ec. europa. eu/newsroom/article29/item-detail. cfm?item_id=611236>, accessed on 5 July 2021.

❷ 参见《个人信息安全规范》（GB/T 35273—2020）第 11. 4 条。

的要求。❶ 但很明显，这一要求不同于 GDPR 持续性、预防性的 DPIA。实际上，对大流行病的干预包括公共卫生检测、流行病相关医学研究等各种形式的个人健康数据收集、传播和分析，而且常常构成 AI 或大数据分析相关新型 App 的开发和技术创新，因此在该领域进行任何处理之前，最终可能需要一个 DPIA。就健康大数据治理的国际协调而言，DPIA 无疑是控制人应当承担的一项基本义务，也是其参与协同治理的最主要途径。作为门槛标准的国际条约，应当规定该领域 DPIA 的基本内容和实施程序要求。

内容方面，当前的基本共识是 DPIA 必须包括拟进行的处理及其目的、处理的必要性和相称性、数据主体的权利和自由所面临的风险，以及数据控制人为保护个人数据而采取的步骤和保障措施。❷ 具体到健康大数据使用领域的 DPIA，至少应该考虑以下几个特殊方面：

（1）提供处理活动的描述，包括：处理活动的性质、范围和情况，例如 Corona App 的 DPIA 仅限于通过告知潜在的新冠病毒感染者来识别和中断可能的感染链；对处理活动的目的和功能的一般可理解的描述；说明处理目的合法性；说明与邻近"目的"的区别；辨认所使用的个人数据类别；确

---

❶　Mélanie Burassa Forcier, Hortense Gallois, Siobhan Mullan, et al. "Integrating Artificial Intelligence into Health Care Through Data Access: Can the GDPR Act As a Beacon for Policy Makers," *Journal of Law and the Biosciences*, Vol. 6, No. 1, 2019, p. 333.

❷　参见 GDPR 第 35 条。

保处理活动"有限"的必要措施；为达到法定标准特别设计的保护措施；控制人的代表及其联系方式等。

（2）说明处理的合法性及责任分配情况，包括：各种法律基础的论证，如同意、合同安排、公共利益例外等；各项法律义务的履行；为公众利益执行任务的情况，例如 Corona App 对于密切接触者的追踪符合公共利益等；符合比例原则，措施合目的、适当、必要；数据主体的信息权保护情况；技术及组织方面的保护措施等。

（3）实施风险阈值分析，确定数据主体处理活动的风险级别。各国数据保护法或一些行业守则中均有风险评估的指引方面的规定。依据评估目的及提交或公开的对象不同，评估报告应根据相应指引对应分析项目各个方面的风险水平，如欧盟境内 Corona App 的 DPIA 应就 GDPR 第 9 条、第 25 条以及欧盟第 29 条数据保护工作组的数据保护影响评估指南三个方面的标准进行分析。

（4）说明主要的弱点和风险，根据潜在侵权主体的不同分析各个侵权场景及可能带来的最大损害，如 Corona App 营运商、供应商或主管当局因假阳性认定、对感染用户行为满意度和依从性评分、基于电信数据对用户的去匿名化、无期限储存数据及嗣后可能与其他个人数据相结合而给数据主体带来的损害等。

（5）针对前面描述的风险来源、威胁和法律要求，说明数据处理活动的具体保护措施，如分散式架构的使用（不可

链接性)、防止非使用相关的歧视、建立 Corona App 源代码的透明性、记录软件更改升级等。❶

四、引入信义关系

为个人或社会利益共享个人敏感信息并不是当代健康数字平台所独有的。个人还会与医生、会计师和律师分享敏感信息。这些专业人士受到职责的约束，不会以可能有害于客户利益的方式使用客户敏感信息。而专业人员（如医生和律师）的这些职责是通过"信义责任"的概念来确立的。同样地，电子健康数据控制人也应该被赋予数据管理受托人的角色，他们应当被要求站在保护数据主体利益的最前线，特别是在隐私保护方面。

（一）建立信义关系的可行性

信义关系是从英国衡平法上的推定信托发展而来的，法官可依据公平原则将某些形式上非信托而实质上符合信托特征的关系认定为信托或者说信义关系。现在人们普遍认为，律师与客户、公司与其董事和高管、合伙人之间、客户与证券经纪人的关系都是信义关系。尽管信义关系缺乏统一定义，却存在一些明确的共同特征。第一，信义关系中，提供给委

---

❶　Kirsten Bock, Christian Ricardo Kühne, Rainer Mühlhoff, et al., Data Protection Impact Assessmentfor the Corona App（April 29, 2020）, at：＜https://papers. ssrn. com/sol3/papers. cfm? abstract_id＝3588172＞. Accessed on 29 June 2020.

益人的服务通常需依赖于受托人的专业知识。❶ 第二，在信义关系中，受托人被授予了代表受益人利益的角色，拥有一定的自由裁量权。受益人将一项关键资源或权力委托给受托人，要求受托人为受益人的利益而行动。第三，信义关系通常被用来对抗受托人与受益人之间不对称的权力关系，保护受益人不受机会主义的侵害。❷

健康数据控制人具备传统信义关系中受托人的特点，他们提供符合社会需要的服务，并在信息占有方面享有比用户显著的优势。用户通常缺乏专业知识、有关健康数据控制人以及控制人可能对用户数据采取的行动的信息。用户相对于健康数据控制人的这种弱势地位可以被视为建立信义关系的依据。再者，信义关系是建立在信任基础上的。在多数情况下，健康数据控制人也会把自己塑造成值得信赖的、不会滥用用户数据、为用户着想的组织。❸ 由此，用户和健康数据控制人之间的信义关系在促使数据控制人变得值得信赖和刺激公众参与数据共享方面是有价值的。

❶ Tamar T. Frankel, *Fiduciary law.* Oxford：Oxford University Press，2010.

❷ Amir N. Licht, "Motivation, Information, Negotiation：Why Fiduciary Accountability Cannot Be Negotiable," in Evan J. Criddle, Paul B. Miller, Robert H. Sitkoff, eds. *The Oxford Handbook of Fiduciary Law.* New York：Oxford University Press，2016.

❸ Chirag Arora, "Digital Health Fiduciaries：Protecting User Privacy When Sharing Healthdata," *Ethics and Information Technology*, Vol. 21，2019，p. 184，at：<https://doi. org/10. 1007/s10676-019-09499-x>，accessed on 10 July 2020.

（二）建立信义关系的必要性

信义关系在对抗机会主义行为方面比合同或成文法更具优势。对抗机会主义行为最困难的地方在于它的难于描述，尤其是在受托人拥有一定的自由裁量权的情况下，他将如何利用信息优势从事一些利己行为是不可预估的。[1] 技术发展和数据结合的后果通常是不可预期的，健康数据主体和数据控制人之间的信义关系能够确保控制人代表用户对数据作出更好的决策，不仅避免了密切监控控制人的高成本，而且可以灵活地将隐私保护置于具体情境之中考虑。

最为重要的是，作为受托人，健康数据控制人不仅需要采取情境方法来灵活保护隐私，而且还负担了不欺骗或主动伤害数据主体的消极义务，弥补了合同或成文法为部分数据控制人的机会主义或欺骗行为留下的漏洞。一方面，数据控制人的专业技能可为数据主体所利用，填补通知同意规则下数据主体认知与选择之间的鸿沟；另一方面，信义制度建立了数据控制人和数据主体之间的责任关系，避免了合同相对性的局限，使数据主体获得了向作为合同外第三人的下游用户追偿的依据。

---

[1] Henry E. Smith, "Why Fiduciary Law Is Equitable," in Andrew S. Gold & Paul B. Miller (eds.), *Philosophical Foundations of Fiduciary Law*, Oxford University Press, Forthcoming; Harvard Public Law Working Paper No. 13-36, at<https://ssrn.com/abstract=2321315>, accessed on 10 July 2020.

第四节　健康大数据治理规则自下而上的国际协调

正如本章第二节所述，在权威性国际组织缺位的情况下，只有通过适当的协同治理模式设计才能顺利实现软、硬法的转化，将硬法标准实际贯彻下去，实现标准的国际协调。选取协同治理工具箱中的行为守则、审计与认证、安全港免责条款三个工具，并将三者适当校准、完美结合，就可实现健康大数据治理规则自下而上的协调，将健康数据治理领域的专家意见、行业需求、所有相关者的利益均融入协调标准之中。

一、国际行为守则

制定行为守则是自下向上制定特定领域数据处理规则的最常规方法。行为守则可以概述研究人员遵守 GDPR，以及 HIPPA 等各国数据保护法律必须采取的步骤。GDPR 第 40 条明确鼓励制定特定行业的行为守则。2019 年 6 月，欧洲数据保护委员会发布了关于提交、批准和监控这些数据处理行为守则的指导方针，它还承诺对使用守则促进数据跨境传输的

潜在方式提供进一步的指导。❶

(一) 国际行为守则的定位

GDPR 对于行为守则的定位和设计并不十分合适，导致它实际上并不能立即增加欧盟内数据处理规则的协调。

其一，欧盟委员会的审批使行为守则获得了等同于 GD-PR 的拘束力，但它却因此拘泥于 GDPR 框架，并不能真正填补 GDPR 留存的悬而未决的问题。虽然行为守则可以通过提炼和澄清 GDPR 规则提供进一步协调的解释，但它只适用于不能由欧盟成员国减损的规则，或成员国无意减损的规则。毕竟，GDPR 留与各国裁量和决定的具体实施标准中有相当一部分才是真正需要协调的，例如，在科研数据处理中，对数据主体的重要权利 (知情权、修正权、处理限制权，甚至反对权) 的解释就被排除在行为守则之外。❷ 鉴于 GDPR 在欧盟各成员国的实施及规则细化已接近完成，通过一项守则

---

❶　European Data Protection Board, Guidelines 1/2019 on Codes of Conduct and Monitoring Bodies under Regulation 2016/679-Version Adopted After Public Consultation, *GUIDELINES* (June 4, 2019), at: < https://edpb. europa. eu/our－work－tools/our－documents/wytyczne/guidelines－12019－codes－conduct－and－monitoring－bodies－under_en>.

❷　Fruzsina Molnár-Gábor, JanO Korbel, "Genomic Data Sharing in Europe is-stumbling—Could a Code of Conductprevent Its Fall?" *EMBO molecular medicine*, Vol. 12, No. 3, 2020, at: < https://doi. org/10. 15252/emmm. 201911421 >. Accessed on 10 July 2020.

进一步协调解释的空间其实已所剩无几。寻求国际层面的统一行为守则将面临同样的问题，如果它立足于以最低标准为核心的统一条约及其常设组织机构的认可，将同样无法跳脱出条约的范围而进一步促进标准的协调。正确定位行为守则的方法是将其视为行业组织自愿编纂和自行管理的模板型规则，不需要国际组织的审核，也不需要寻求普遍性的拘束力。守则对于保护标准的进一步协调应当立足于部门，为数据保护的进一步（部门而非国家）多样化铺平道路。只要与行业组织的认证相结合，就可以激励行业内经营者主动遵守守则，以获取数据主体的信任。这种守则不受条约框架的拘束，也并不会违反条约所规定的强制性标准。虽然未经过条约执行机构的审查，但任何专业且具有影响力的行业组织均会以国际条约规定的标准为底线而拟定守则条款，以谋求更多国家的认可。

其二，即使守则通过欧盟委员会的审批能够在欧洲经济区（The European Economic Area，EEA）获得普遍约束力，但 EEA 以外的数据接收国仍需作出具有约束力和可执行性的承诺，才能使守则成为可替代"充分"决定的数据共享渠道。它与"隐私盾"和标准合同条款一样均面临着因跨境执行困难而最终被 CJEU 否定的风险。超越 EEA 的国际性行为守则如果经条约执行机构批准获得了普遍拘束力，似乎就可以在所有条约成员国境内获得有效执行。然而，一个现实的问题是，不同于欧盟的高度组织性和统一性，比较松散的国际条约通常并不会以常设组织机构的审批创建对缔约国全体具有拘束力的规则，主权国家对此种授权均持谨慎的态度。行为守则的推广更多地需要依靠其自身的优越性和模板作用。在执行方面，守则本身虽并不具有约束力，但它可以通过合同或声明而被选择。此外，一种退而求其次的方法是，通过嵌入安全港免责规则，将行为守则与各国法律连接起来，渐次地谋求各国认可和执行。

（二）行为守则的内容

关于行为守则的具体内容，GDPR 并没有为其设置一个封闭的规则列表，所以它可以整合伦理原则和技术知识等各种标准。单就健康数据行为守则而言，在考虑当前健康大数据和云技术特点以及现有伦理和法律义务的基础上，至少应当包含几个方面：其一，可识别性标准。尽管很难预先制定硬性规则，但行为守则确实可根据技术特点提供一些评估何时可将健康数据存储在开放数据库中的指导。其二，同意的条件。为了使参与者的数据能够在符合公认的道德标准的情况下用于某些科学研究领域，需要指导研究人员必须做什么才能满足广泛同意的要求。其三，数据的二次处理。为研究人员和医疗专业人员在科学研究项目中安全地二次使用医疗数据提供可理解和实用的指导。其四，转移到第三国。行为守则将在全球覆盖范围引入统一机制，为将个人健康数据转移给第三国提供适当的保障。● 其五，强制披露。行为守则可以为研究人员应对政府强制披露要求提供指导，包括指引他们可以寻求哪些法律保护。●

二、标准化审计和认证

美国国家卫生信息技术协调办公室（The Office of the National Coordinator for Health Information Technology，ONC）自2010年起开展了卫生信息技术自愿认证项目。ONC根据美国联邦政府、公共和私人利益相关者的意见，为认证健康信息技术制定了基本的项目要求和认证标准。同时，ONC与第三方组织合作，执行诸如一致性测试、认证颁发和监察等功能，由健康信息技术开发人员在自愿的基础上申请认证，以促进健康IT开发人员对健康IT的性能、可靠性和安全性负责。● 欧盟委员会也在推动通过欧盟移动健康守则与App的审核及

● Biobanking and BioMolecular Resources Research Infrastructure（以下简称 BBMRI-ERIC），Summary Report Following the BBMRI-ERIC Working Meeting On Health and Life Sciences GDPR Code of Conduct，at：<http://code-of-conduct-for-health-research. eu/wp-content/uploads/2017/10/Summary-Report_BBMRI-ERIC_ CoC_Meeting-01. 02. 2017. pdf>. Accessed on 20 Jan 2022.

● Mark Phillips, Fruzsina Molnár-Gábor, Jan O. Korbel, et al. Genomics：Data Sharing Needsan International Code of Conduct, *Nature*, Vol. 578, 2020, p. 33, at：<doi: 10. 1038/d41586-020-00082-9>, accessed on 20 Jan 2022.

● The Office of the National Coordinator for Health Information Technology, Health IT Certification Program Overview, 2019, at：<https://perma. cc/T6SC-HF-GT>, accessed on 20 Jan 2022.

认证工作。❶

（一）行为守则与审计、认证的衔接

国际层面的行为守则要获得有效的推广和执行，同样须建立与审计、认证相衔接的实施程序规则。第一，由一个值得信任的具有广泛代表性的行业组织制订及执行健康数据保护的行为守则。第二，如果移动健康 App 开发商或任何健康数据控制人打算遵守这一行为守则，他们应依照守则要求向该组织提交一份 DPIA，以评估 App 可能存在的数据保护风险，并提出适当的缓解措施建议。第三，行业组织将依照守则对 DPIA 进行审计，如果审计通过，申请人将有资格通过提交一份遵守声明而获得一个特殊的认证标志。第四，如果获得了认证标志，开发商将有权给自己的 App 贴上这种标志。第五，如果开发商在随机（或定期）检查中被发现违反守则或消费者的投诉被查实，行业组织可取消其认证作为处罚。

（二）审计与认证的实施

国际社会不同于主权国家内部，在缺少命令—控制机构

---

❶ European Commission, Draft Code of Conduct on Privacy for Mobile Health Applications, 2016, p. 74, at: < http://ec. europa. eu/newsroom/dae/document. cfm?action=display&doc_id=16125>, accessed on 20 Jan 2020.

的情况下，只能退而求其次使用国际性行业组织等有一定组织性、专业性和影响力的机构对控制人的自我评估进行监控，并通过审计和认证进行管理。当然，无论 DPIA 还是第三方审计在缺乏强制执行力的时候是不能完全发挥协同治理工具的作用的。如果认证能获得各国主管当局的认可，根据主管当局的规定登记备案并公布，行业组织的审计和认证将会更具有影响力。终端用户以及医疗服务提供者等所有相关行业人员可以依据认证标志来判断该 App 是由政府支持和值得信任的。主管当局也可以主动或根据协会申请行使其执法权力对违反守则的数据控制人实施处罚，包括撤销认证的登记或处以大额罚款，并将执法结果向公众公布。❶ 从而，行为守则也会上升为真正具有拘束力的硬法规则。

国际层面行业组织自发制定行为守则及运行审计、认证的动力只能来源于认证登记国给予的豁免。GDPR 框架下，避风港效果是数据控制人（或处理人）群体制定行为守则并争取获得审批的动力。只要遵守守则，数据控制人就可以在欧盟全境范围内免责而无须顾忌各国数据保护标准的不同。正如前文所述，国际层面的守则难以寻得全体缔约国境内的统一审批，也就无法为数据控制人提供全球范围的避风港。但如果将守则与认证相结合，由认证登记国给予获得认证的

---

❶ Jianyan Fang, "Health Data at Your Fingertips: Federal Regulatory Proposals for Consumer-Generated Mobile Health Data," *Georgetown Law Technology Review*, Vol. 4, No. 1, 2019, pp. 178–179.

行业经营者一定程度的免责，必然也能够为行业经营者追求认证甚至是行业统一标准提供一定的激励。

2018 年 9 月我国国家卫生健康委员会（以下简称卫健委）印发了《国家健康医疗大数据标准、安全和服务管理办法（试行）的通知》，明确规定了卫健委将在征询各利益相关人意见的基础上制订标准。其中第 13 条规定："卫生健康行政部门应当建立相应的健康医疗大数据标准化产品生产和采购的激励约束机制，卫生健康行政部门要积极推进健康医疗大数据标准规范和测评工作，并将测评结果与医疗卫生机构评审评价挂钩。"很明显，这一规定同美国 HIPPA 一样以医疗卫生机构及其商业交易伙伴为主要规制对象，标准化产品的采购激励仅限于医疗卫生机构，并未考虑到大量面向公众的移动健康 App。另外，标准要求作为健康大数据使用的综合性要求，仅是一种一次性的入门查验标准，缺乏对于数据后续使用跟踪评估的考量。如能将隐私安全分级评价和认证项目融入标准制订和推广的过程中，面向所有健康数据相关 App 开发商开放自愿申请，将有效激励移动 App 开发商主动履行数据安全保护的义务。同时，有关数据后续依周期或使用阶段风险评估的要求亦需融入标准要求及认证项目中，以风险评估报告公开代替"通知"义务。最重要的是，为了避免对于政府干预过度的指责以及降低行政成本，可以将认证与检查的任务交与卫健委管理下的行业协会负责。

三、安全港条款的设置

安全港规则是保证和实现国家间协调最强有力的手段。如上文所述，通过与行业组织的认证相结合，给予获得认证的行业经营者一定程度的免责，不但可以使行为守则在各国获得实际遵从，还可以避免因需要嵌入行为守则而大规模修改或调整本国法律的负担。有关要求登记国提供免责的规定，应当由统一国际条约加以规定，而并非直接规定在守则之中。守则以惯例或示范法的形式出现，直接提出免责要求可能影响其寻求各国认可的吸引力。安全港免责条款的具体内容设置可由各国自主决定，这种自由选择并不会导致守则适用标准的碎片化，反而会由于触发市场机制或推动政策努力的作用而趋向统一：医疗经营者和研究人员会因受更多免责的激励而主动寻求获得认证；反过来，各国也会竞相通过设置免责来吸引医疗经营者和研究人员来本国发展业务，从而促进本国相关产业的发展。普遍性的国际条约及执行机构虽然可能无法给予行为守则或认证标准以普遍拘束力，却可以规定守则的必要内容和制定程序，为缔约国各自对守则及认证的审核提供条约指引。从追求广泛适用性的角度而言，无疑符合条约要求的守则才能获得缔约国的批准，这也间接协调了条约标准的细化。

本章小结

在新冠病毒感染疫情中，使用大数据可能对社会拉平流行病学曲线、提振经济的能力至关重要。然而，一个不容忽视的背景事实是，伴随病毒传播而来的民族主义抬头可能对数据跨境共享产生负面影响。国际贸易的增加伴随着全球数据流量的增长，而贸易限制的增加也必然伴随着数据流通自由化的降低。我们应该创造性地思考，如何才能在降低隐私风险的同时，公平分享和利用对公众利益至关重要的健康数据。公平的数据共享包括努力更公平地分享数据共享带来的公共卫生利益，并要求提供数据的人、解释和使用他人产生的数据的人、促进数据共享过程的人，以及和贡献这些利益的人参与进来。这就意味着要实现健康大数据治理的国际协调，打通信息共享渠道、建立协同治理的规则框架是必然的选择。

协同治理的规则框架包含静态的软、硬法规则以及动态的法律实施机制。通过统一通知同意规则、公共利益例外、数据保护影响评估、引入数据控制人的信义义务四个方面的国际最低标准，可以实现健康大数据治理自上而下的国际协调。通过连接行业行为守则、标准化审计与认证、安全港免责条款三个协同治理工具，可以将来自医学研究和公共卫生实践的软法上升为国家间普遍认可的硬法，实现自下而上的国际协调。在软、硬法转化过程中，主管当局、行业组织、数据控制人、数据主体甚至是专家学者或其他第三人等多主体将以不同的参与程度和参与方式在协同治理中发挥作用，以创建有意义的沟通渠道，充分利用共享信息和数据集，使健康数据的使用即使在公共卫生危机发生的时候也能满足必要性和相称性的要求。

第四章

健康大数据治理国际示范法规则研究

第一节　健康大数据治理国际协调的示范法模式

一、健康大数据治理国际协调示范法规则的必要性

在国际层面发展健康大数据治理规则有两种主要选择。第一种选择是起草一份有关健康大数据治理的国际协议。这样做的好处是可提供一个明确和统一的法律框架。然而，目前似乎没有任何一个国际组织能够同时拥有制定全球性国际条约的授权、所需的数据保护法以及医疗卫生专业知识。经验表明，法律协调倡议即使在法律的技术领域也难以实现，而在国家间存在深刻文化差异的领域则更难实现。隐私文化和法律观念的差异使数据保护规则在基本问题上缺乏国际共识，如隐私和数据保护之间的区分、数据保护最终目标的分

歧（如确保数据处理中的公平、信息自决、保护个人自由、纠正数据处理中的权力失衡）等。更复杂的是，个人健康信息属于敏感信息的范畴，是各国关注的最后"领地"，它与人权的归属关系使之成为一个经常被用来掩盖政治争论本质的法律语言，这无疑会进一步加深规则协调的困难。鉴于数据保护法的快速发展特性，基于条约的解决方案本身不太可能提供足够的出路。

第二种选择是将健康大数据治理视为国际法碎片化的一个领域，使用国际法委员会关于国际法碎片化的 2006 年报告中的术语来解释，即承认在这个领域中没有同质的、分层阶的元系统。❶ 这将允许不同的健康大数据治理方法自然发展起来，通过国际合作产生的接口相互作用，跟随时间推移逐渐融合在一起。可以参考国际贸易法委员会的经验，编纂一部各国可自愿参照适用的国际示范法，这将为国家和区域立法提供一个共同的国际化起点。❷

本书第三章详细论述了健康大数据治理的国际协调方法，包含静态的硬法标准与软法内容，以及动态的协同治理和个

---

❶ 《联合国国际法委员会报告》，第 12 章 "国际法不成体系问题：国际法多元化和扩展引起的困难"，第 58 次会议，A/61/10，2006 年，第 249 页。网址：http://www. un. org/law/ilc/index. htm，2021 年 4 月 1 日访问。

❷ Kriangsak Kittichaisaree, Christopher Kune, The Growing Importance of Data Protection in Public International Law, at：<ejiltalk. org/the-growing-importance-of-data-protection-in-public-international-law/>, accessed on 26 Mar 2021.

人权利救济相结合实现软、硬法转化的方案。在当前硬性国际条约短期尚无法达成的情况下，可通过制定国际协调示范法规则先行推广应包含在硬法中的基本规则和标准；同时示范法还可整合各类型软法规则，使之更加明确化、系统化。

二、健康大数据治理范式嬗变对示范法规则的影响

(一) 健康大数据治理国际示范法规则的保管范式

正如本书第三章第一节所述，从数据所有权文化向数据管理文化的逐步转变是当前数据保护法的普遍发展趋势。与此相应，世界医疗协会2016年发布的《关于卫生数据库和生物库的伦理问题的台北宣言》简称《台北宣言》规定"保管"是健康大数据的治理原则之一。❶ 所谓"保管"原则是指数据控制人、处理人不应被视为数据所有人，而应被视为负有数据保管权利和责任的人。"保管"原则虽然仅是《台北宣言》提出的针对控制人（或处理人）的道德要求，但可以通过扩充细化将其转化为法律范式，取代产权范式成为健康大数据治理的主轴。

大数据分析中数据匿名化、最小化等要求都需要"保

---

❶ World Medical Association, Declaration of Taipei on Ethical Considerations Regarding Healthdatabases and Biobanks. 2016, at: < https://www. wma. net/policies-post/wma-declaration-of-taipei-on-ethicalconsiderations-regarding-health-databases-and-biobanks/>. Accessed on 26 Sept 2020.

管"范式提供更加灵活的处理方法。匿名化将切断数据之间的纵向联系。此次新冠病毒感染疫情的暴发体现了特定情况下非匿名化处理的必要。特殊的非匿名化情形在合同和成文法中无法穷尽。而在保管范式下，数据控制人可以在审慎义务的要求下根据情境变化作出关于匿名化的适时决策，决定是否需要匿名化，以及在何种程度上需要匿名化。大数据背景下，数据最小化要求的数据相关性分析和对数据保留的限制必将大大减少数据挖掘和组合的效益。❶ 此时，保管人责任可允许数据控制人根据情境需求选择适当放松数据最小化，或者在必要时通过其他方法实现最小化的预期效果，从而在隐私保护和大数据应用之间实现更好的平衡。

（二）健康大数据治理保管范式的规则框架

数据控制人（或处理人）不能享有对健康大数据中基础数据的专属性产权，其与数据主体之间的关系只能以债之关系为基础。这就决定了国际示范法的保管规则框架也只能以债之关系为归依。而这种相对性关系在对抗缺乏直接合同关系的二手数据中间商时可能无法保护数据主体的权利，必须建立对个人权利的普遍救济机制才能扭转数据主体的天然不利地位。另外，应明确承担保管责任的主体并不是单一的，

---

❶ Tal Z. Zarsky, "Incompatible: The GDPR in the Age of Big Data," *Seton Hall Law Review*, Vol. 47, No. 4, pp. 995-1021, 2017.

而是多主体配合与协作形成的整体，政府、行业组织、企业自身、数据主体都将在协同治理中找到自己的合适位置和作用。

综上所述，健康大数据治理的国际示范法规则需要建立以债的关系为基础的多主体协同参与的保管范式，并辅之以兜底性的个人权利救济体系以实现数据保护和数据流通之间的平衡。

第二节 健康大数据治理国际示范法的保管规则框架

一、健康大数据治理保管规则中的基础债之关系

健康大数据治理保管范式以债之关系为基础。而大数据技术的发展使数据呈现出动态化趋势，传统债之关系规则在适用时必须作出相应调整。

（一）数据使用的动态性与通知同意规则

由于健康数据对于医疗产业发展以及公共卫生建设具有重要意义，大量医疗保健 App 通常会以其数据内容或服务换取用户个人健康数据而非金钱支付。这必然会引起健康大数据领域数据保护法和合同法的交互作用，使通知同意规则面临新的困境，国际示范法规则必须对此作出回应。

首先，正如本书第三章所述，健康大数据使用专业性太

强，对数据主体而言不仅难以理解，而且是动态的、不可预测的。传统静态的同意无法应对这一现象。数据保护法要求个人数据收集和使用的目的必须特定，也就是说在合同关系建立之初确定的数据处理目的必须覆盖整个合同期间。然而，大数据应用中一旦出现新的分析工具或高级算法、意图未知的新的下游用户等，就极有可能为收集到的数据带来新的用途。这使得限制数据使用于合同初始目的变得十分麻烦。广泛同意、反向选择和动态同意等各类变异或改良模式都是试图将通知同意规则变得更加情境化，这也是作为范本的国际规则应当追求的方向。但不可否认的是，无论选择哪种模式，通知同意规则都无法弥补数据主体欠缺的专业认知和理解能力。在保管模式下，国际示范规则不应再像 GDPR 一样过分着笔于通知说明义务的细致、严格，而应当更加关注监管当局与数据控制人等其他治理主体如何发挥协同治理的能力以平衡和补充机制来帮助数据主体。

其次，在以提供个人健康数据换取数据内容或服务的合同中，数据主体撤回同意的法律效果难以确定。同意的撤回是数据保护法赋予数据主体的特殊权利，但这又似乎与合同的拘束性义务相矛盾。国际示范法规则必须明确同意的撤回是否会导致违约。数据保护法通常要求处理个人数据需先行取得数据主体的"自由"同意。而当"同意"成为数据主体的一种合同义务时，"自由"将面临质疑，合同的合法性也会受到影响。基于此，数据主体撤回权的适用本身并不会构成违约，也不能成为数据内容或服务提供商损害赔偿请求的基础。❶ 当然，撤回同意也会相应给予数字内容或服务提供商单方面终止合同的权利，因为它可能成为后者提供数据服务或内容的负担。比较复杂的是，在数据主体以个人数据和货币支付相混合换取数据服务的合同中，通常并没有明确约定相互对应的一一对价，而法律也缺乏明确的答案来评估数据主体撤回同意会在多大程度上影响供应商在数字内容或数字服务方面的表现。可以认为，由于不太可能区分数字内容或服务的一部分，撤回同意在混合合同中也应该视为对整体合同的终止。❷

（二）数据性质的动态性与合同无效

以不可交易物为标的订立的合同是无效的，当事人双方应恢复到交易未发生的状态。有过错的一方应当赔偿对方因此所受到的损失，双方都有过错的，应当各自承担相应的责任。数据保护法对不同性质的数据设置了不同的处理限制，导致数据交易合同的法律基础也不相同。非个人数据交易一般是不受限制的，而个人数据交易通常受到严格限制，敏感数据交易的限制则更加严格。因此，要判断一项数据交易合同（无论是一手还是二手数

---

❶ Schmidt-Kessel Langhanke, "Consumer Data as Consideration," *Journal of European Consumer and Market Law*, Vol. 6, 2015, p. 222.

❷ Cemre Bedir, "Contract Law in the Age of Big Data," *European Reviewof Contract Law*, Vol. 16, No. 3, 2020, p. 360.

据交易）是否有效至少要考虑两个变量：（1）数据的性质——是个人数据还是非个人数据？如属个人数据，是敏感数据还是不敏感数据？（2）交易数据的法律依据是什么？数据交易与普通有形物交易不同，数据本身的性质是动态变化的。在大数据、人工智能、数据挖掘的时代，非个人数据和个人数据的界限通常并不明确，从看似不敏感的数据中推断出敏感信息也变得越来越容易。例如，我们的健康状况甚至可以从每日的位置数据统计而加以预测。非个人、非敏感数据很可能在合同订立后因与其他数据的结合分析而成为敏感数据，从而被排除在可交易范围之外。由此，当隐藏数据商品化或是以数据取代金钱支付而获取提供商的数据服务时，将会产生一种隐含的危险，即涉及此类数据的合同有可能后续因数据性质转变而无效。❶ 此时，合同何时无效、无效的责任应由哪方承担、无辜的交易当事人是否可以获得救济是必须回答的问题。大量收集健康大数据的 App（例如当前的新冠病毒感染密切接触追踪系统）都将面临这样的问题。

在健康大数据领域套用合同法的一般规则时，应当认识到由于数据性质的动态化，不能期望当事人在合同订立之初就预见到数据嗣后可能的性质变化，亦不能要求合同双方为数据的不可交易性承担无限责任。应当引入一些客观指标，作为评判合同当事人知道或应当知道数据性质变化的标准，

---

❶ Václav Janečeka1, Gianclaudio Malgieri, "Commerce in Data and the Dynamically Limited Alienability Rule," *German Law Journal*, Vol. 21, No. 6, 2020, p. 926.

进而确定其是否存在过错。可以考虑通过认知和技术两个方面的结合确定客观标准，以"当前的认知水平"客观地表明合同当事方是否具备发现数据性质转变的思想条件，以"处于类似地位的人通常可以获得的技术"客观地表明当事方是否具备发现数据性质转变的物质条件。❶

这一标准不仅可以适用于直接发生在数据控制人和数据主体之间的一手交易，同样适用于数据内容或服务提供商与下游中间商之间的企业对企业（Business-to-Business，B2B）合同。在示范法中加入这一标准的好处是显而易见的：首先，可以建立一种宏观而有效的原则标准，解决健康大数据领域合同因数据性质变化而无效后的归责问题。至于这一原则标准将在各国法律体系中呈现何种具体形态、是否会在部分国家间形成区域性的标准条款用于 B2B 和企业对客户（Business-to-Consumer，B2C）合同，则需视各国根据本国法律传统和需求选择及调整后的效果。其次，为判断是否可以将衍生的数据纳入数据主体授权处理的范围提供了标准。原始数据在经过大数据或智能算法自动处理之后衍生的数据如发生了性质改变，不再属于数据主体原授权处理的范围，则需要数据主体的重新授权才能保证合同的继续履行，这也是健康大数据动态同意规则实施所必需的工具；更重要的是，它将刺激利

---

❶ Václav Janečeka1，Gianclaudio Malgieri，"Commerce in Data and the Dynamically Limited Alienability Rule," *German Law Journal*，Vol. 21，No. 6，2020，p. 939.

益相关者开发并遵守合理的技术标准，为打开算法交易系统的黑盒提供法律而非技术的工具。数据控制人为避免承担不适当的责任，必然关心本行业认知标准和技术标准的确定，而数据主体为能够获得对衍生数据的必要控制权，必然关心相关法律和技术标准的完善。

二、健康大数据的多主体协同保管规则

健康大数据治理领域的示范法规则始终属于公法领域，不同于国际商事示范法，并不是由私人当事人于合同中选择适用的，而是依靠自身的优越性和模板作用给各国国家实践提供参考。健康大数据治理的数据保管责任是由多主体协同承担的。如第三章第二节所述，常见的协同治理工具包括协商制定国际规则、经审计的自我监管、合并已有技术标准、非正式地将一般性国际标准的解释"委托"给私主体、鼓励以私人协议安排对法律中没有明确规定的不当行为作出惩罚等。示范法规则如要将健康数据治理领域的专家意见、行业需求、所有相关者的利益均融入协调标准之中，就应当将协同治理工具合并衔接起来，提供一个能够实现硬法自上而下、软法自下而上相互转化的体系，主要包括以下三个方面。

（一）DPIA 的协同参与规则

数据保护影响评估应该是受管制实体、监管机构和第三

方（如受影响的公民个人或社会组织）之间的三方对话，是协同治理的重要载体。在与监管机构的对话方面，相较直接向各国主管当局提交 DPIA 报告，由行业协会等公私实体负责审核报告并通过发放认证标志进行管理更加妥当。毕竟，数据控制人主动进行的 DPIA 比其被动通知数据主体的隐私规则内容更加全面、结论更有价值。相应地，数据主体亦可简单根据认证作出可靠的自由判断而免去阅读和理解数据控制人复杂隐私规则的负担。虽然协会认证并不能等同于主管当局的审批，DPIA 最终仍要提交给主管当局，但是专业协会的中间审查不仅节省了将专家引入政府的巨额成本，还可利用专业认证的光环激励数据控制人主动进行 DPIA。

在与第三方的对话方面，DPIA 作为企业的自我监管手段不但要符合正当程序原则，而且要对第三方或公众公开。GDPR 规定企业在做影响评估时必须咨询第三方，但这种咨询需要用在"适当之处"，并着眼于保守商业秘密。❶ DPIA 指南进一步解释说，可以通过各种方式，包括通过研究或问卷调查，寻求第三方的意见，而不是让第三方在谈判桌上占有一席之地。❷ 这些非强制的"软性"的参与方式显然并不一定会为建立 DPIA 实质内容带来有意义的外部监督。从这一点而言，为了使 DPIA 发挥风险监控的作用，便利数据主

---

❶　参见 GDPR 第 35（9）条。

❷　Article 29 Data Protection Working Party, Guidelines on DPIA.

体及时的全程跟踪，任何 DPIA 不应只是在数据收集、去识别和披露阶段进行，而应该与所谓的"平民科学家"或第三方数据分享人定期进行❶，并通过指定的平台公开，供数据主体随时查阅更新以及行业协会跟踪检查。

（二）行为守则的协同参与

当同行业经营者聚在一起决定行为准则和认证标准以及相关的适当技术设计的内容时，他们并不会自愿引进外部利益相关者参与，更不会自觉利用这些系统来试图约束自己行业中的违规者。GDPR 的透明度是相对于数据主体个人而言的，并非面对社会公众，也并没有强制要求行为守则❷及认证标准的制定过程需要公开透明或第三方参与，缺乏第三方监督和公共问责机制。❸ 示范法规则无疑应当将第三方参与或向公众公开作为行为守则制定程序的必要步骤之融入各国审批的要求之中，这样才能倒逼行业组织尽最大可能引入利益相关者参与守则的协商和执行，而非躲在商业秘密的借口

---

❶ Anne S. Y. Cheung, "Moving Beyond Consent for Citizen Science in Big Data Health and Medical Research," *Northwest Journal of Technology and Intellectual Property*, Vol. 16, No, 1, 2018, p. 36.

❷ 参见 GDPR 第 40（5）、（7）-（8）条。序言第 99 条建议公司在制定行为准则时应征询利益相关者的意见，但并没有强制要求这样做。

❸ Margot E. Kaminski, "Binary Governance: Lessons from the GDPR's Approach to Algorithmic Accountability," *Southern California Law Review*, Vol. 92, No. 6, 2019, pp. 1607-1608.

之下逃避监管。

如本书第三章第四节所述，多主体协同治理要求示范法明确行为守则与审计、认证相衔接的具体程序。行为守则须由各国国内值得信任的具有广泛代表性的行业组织组织制订及执行。移动健康 App 开发商或任何健康数据控制人应依照守则要求向行业组织提交一份 DPIA，由行业组织对 DPIA 进行审计。审计通过即可获得行业组织办法的特殊认证标志。实践中，欧盟委员会目前正在推动通过欧盟移动健康守则，守则草案规定："App 提供商有意遵守本行为准则的，可以为其 App 申请认证标志，并在获得批准后为其 App 贴上认证标志。"❶

（三）规定安全港免责范围

如本书第三章第四节所述，安全港条款是将来自研究实践和公众接受的软法上升为国家认可的硬法最强有力的手段。示范法规则对于安全港免责范围和具体内容的规定可将行业专家意见与国家利益要求对应结合起来，实现自下而上的协同治理。示范法规则应将安全港免责限于无意的侵权或对监管要求的小规模偏差，而不应包括故意或因过失导致的侵权

---

❶ European Commission, Draft Code of Conduct on Privacy for Mobile Health Applications, 2016, p. 74, at: <http://ec. europa. eu/newsroom/dae/document. cfm?action=display&doc_id=16125>. Accessed on 15 July 2021. 欧盟第 29 条数据保护工作组于 2018 年 4 月发布了关于守则的评估报告，它发现 GDPR 的标准应该适用，而现有的守则还没有充分满足要求。因此，守则目前仍未获核准。

或歧视性结论。❶ 这一范围的免责具有多种合理性：首先，在数据使用方面尤其是科学研究领域，原告对微小的、无意的隐私侵权的追诉很可能导致重大公共利益损失（如对已经纳入公共卫生大型数据池和分析的个别数据的追溯性撤回或销毁）。在违规仅仅是对监管要求的小偏差时，安全港免责可以通过阻止原告坚持追溯发现大规模数据集来避免上述损失，并维护司法经济。其次，它在平衡数据保护和产业发展的基础上构建了数据使用自我管理的激励机制。安全港提供的免责鼓励营运商通过真诚的努力来避免违反法律。只要实施安全措施的成本比违法风险的成本低，它就会理性行事，并寻求遵守安全港的要求。最后，安全港免责能够增强行业组织行为守则的权威性，使客户（或数据主体）产生信任，从而更加激励数据控制人自我监管。最为重要的是，建立安全港将间接促进形成一个数据跨国移转渠道。各国对安全港免责的设置必然意味着对行为守则的审查和认同，行为守则中包含的"数据向第三国移转"规则也会潜在地逐步融入承认国的规则体系。如果某一承认国法律超出行为守则为健康数据移转规定了其他保障措施或特殊要求，则相较其他承认国而言，它对医疗产业经营者的吸引力必然会被削弱。

---

❶ Shlomit Yanisky-Ravid, Sean K. Hallisey, "Equality and Privacy by Design: A New Model of Artificial Intelligence Data Transparency via Auditing, Certification, and Safe Harbor Regimes," *Fordham Urban Law Journal*, Vol. 46, No. 2, 2019, p. 477.

第三节　健康大数据治理国际示范法的
个人权利普遍救济规则

一、规范数据控制人的信义义务

正如前文所述，保管范式下基础债之关系需要个人权利救济体系的补充。本书第三章已明确为健康数据控制人设置信义义务是跨境数据流通中实现个人权利普遍救济的必要工具。国际示范法规则对健康数据控制人信义义务的明确规定可以为数据主体提供一个在合同明确约定之外寻求救济和赔偿的法律基础，以对抗数据控制人的机会主义行为，对于完善数据主体的自我管理和救济模式，建立互动性、参与性医疗研究模式具有重要的意义。

信义关系因为其开放性的本质，通常被认为是缺乏共识的抽象型规则。但无论如何，多数学者和裁判机构均一致认可委托人需承担注意和忠诚两项义务。[1] 具体到健康数据控制人对数据主体的忠诚义务，首先应当包含的基本内容是控制人不应利用其收集的数据来伤害数据主体，例如骚扰、利

---

[1]　Paul B. Miller, "A theory of fiduciary liability," *McGill Law Journal*, Vol. 56, No. 2, 2011, pp. 281-285.

用、羞辱或操纵他们。更为核心的是，健康数据控制人应该为与其共享数据的用户提供隐私保护，考虑数据的类型以及数据收集、存储和共享所涉及的技术，谨慎和勤勉地处理数据。同时，应避免数据控制人因忠诚义务过度膨胀，导致负担过重而影响电子健康技术的发展，例如，要求数据控制人除保护隐私外，还应确保在与第三方共享数据时（即使是以匿名和去标识的形式）将数据主体更广泛或一般的利益放在首位。这意味着数据控制人应仅为增益用户的目的而共享数据。这样一个过分扩张的要求将为那些本不应期盼研究结果会产生利润的用户提供违约索赔而牟利的可能，从而大大降低健康数据控制人向第三方共享数据（即使是用于健康研究的匿名形式的数据）的动机。❶

二、建立损害缓解机制

健康大数据治理的示范法规则还应当包含一个损害缓解机制，弥补以债的关系为基础的保管范式的不足。

（一）建立损害缓解机制的必要性

第一，大数据所造成的危害通常是系统性的，可能对下游的多个个体产生影响。以这种方式使用数据所造成的潜在

---

❶ Chirag Arora, "Digital Health Fiduciaries: Protecting User Privacy When Sharing Healthdata," *Ethics and Information Technology*, Vol. 21, 2019, p. 191, at: <DOI: https://doi.org/10. 1007/s10676-019-09499-x>, accessed on 10 July 2020.

危害通常超出了传统法律概念的治理框架❶，例如，一些二手数据主体非因自己而因他人数据的使用而受到伤害。在传统法律框架下，数据控制人和二手数据主体之间没有公认的联系，很难判定控制人对这些主体负有责任。第二，个人可能无法证明适用传统侵权救济所需的相关因果关系。数据集通常存在多个无法追踪的数字副本，使数据控制人或处理人更容易证明他们对事件无须负责。第三，即使数据控制人无法采取足够的措施来避免歧视，现有数据保护法框架为错误和滥用数据所设的处罚数额也往往太低而不能阻止数据控制人的不良行为习惯。❷

　　所有这些方面都强调了需要引进额外的损害缓解机制。在不考虑是谁造成了损害、是否能够证明因果关系、导致损害的行为是否违法的情况下，这一机制可以支持因数据使用而受到损害的数据主体，补充传统法律框架的不足。

（二）损害缓解机构的设置及职能

　　损害缓解机构（Harm Mitigation Bodies，HMB）将在国家层面建立，作为数据保护当局的独立法定分支，以补充而非替代相关数据保护机构。虽然数据保护机构的主要角色是

---

❶　Mark Taylor, *Genetic Data and the Law：A Critical Perspective on Privacy Protections*, Cambridge University Press, 2013.

❷　Frank Pasquale, *The Black Box Society：The Secret Algorithms that Control Money and Information*, Harvard University Press, 2015, p. 91.

监管数据控制人，但它仅监管违反现有法律的情况；而 HMB 的主要角色是数据救济主体，范围将不限于非法数据使用的情况。❶ 损害缓解机制是对现有数据保护框架下法律保护的补充，供在传统法律救济下没有索赔请求权的个人使用。例如，HMB 会接受因匿名数据使用造成的损害，对二手数据主体造成的损害，或因合法数据使用造成的损害。在这种情况下，受影响的个人可以向 HMB 提交申请书。

损害缓解机制对申诉方所遭受损害的救济无疑应以金钱补偿为主。为确保有足够的财政资源来运行损害缓解机制，并确保 HMB 的独立性，将从国家税收，或每个研究项目的预算（或研究机构的整体预算）中提取的一定的比例作为资金来源。

（三）损害缓解机制的运行

任何人如认为因合法或非法使用自己（或他人）的数据而遭受了显著的和不必要的伤害，可通过向 HMB 提交非正式个人申请以获取金钱补偿。HMB 需对该申请进行首次审查，并根据需要要求申请人提供进一步的信息，以确定该申请是否满足三个条件：（1）申请人的损害是重大的。重大损害应当从理性当事人个人以及数据控制人可预见两

---

❶ Aisling Mcmahon, et al., "Big Data Governance Needs More Collective Responsibility: the Role of Harm Mitigation in the Governance of Data Use in Medicine and Beyond," *Medical Law Review*, Vol. 28, No. 1, 2019, p. 167.

个角度来判定，以保证提供主客观相结合的评判标准。
（2）损害是不当的。在缺乏预先设定的规则标准的情况下，
正当性评估无疑应当依靠 HMB 以个案为基础的审慎评估和
适当的自由裁量。当然，随着机构的不断发展，HMB 可适
时重新审视损害评估框架，并围绕什么应该被认为是重大
损害提炼出更加明确的指南。（3）产生的损害与数据使用
之间存在一定的联系。判断关联性的标准应该低于传统法
律救济措施的因果关系要求，并需要证明一个理性人可以
合理推断损害是由宏观的数据使用造成的（但无须证明它
一定是由某一具体数据的使用造成的）。❶

（四）损害缓解机制的其他功能

除损失补偿作用之外，HMB 还将发挥咨询作用，通过编
写年度报告的方式，概述其调查的索赔申请的类型和分配情
况以及结果，并据以提供关于数据使用的良好实践建议。

HMB 还将发挥重要的反馈作用。例如，如果收到了与数
据实践造成的特定损害有关的多个索赔，HMB 可以通过进一
步调查造成伤害的做法，以寻求制定改善和/或缓解的战略。
此外，由于在不同领域共享数据集和组合多个数据集时所产
生的问题日益引发危害，拥有这样一个包罗一切的国家机构

---

❶ Aisling Mcmahon, et al., "Big Data Governance Needs More Collective Re-
sponsibility: the Role of Harm Mitigation in the Governance of Data Use in Medicine
and Beyond," *Medical Law Review*, Vol. 28, No. 1, 2019, p. 168.

将能够描绘出一幅更加连贯和全面的画面。这也有助于避免一些被忽略的风险，因为过于狭隘地关注一个特定的部门或行业可能导致忽视数据使用的普遍性和在大数据背景下引发的危害。

第四节　公共机构间信息共享协议的标准化

在跨境信息共享的巨大风险面前，公共机构计划参与信息共享的最佳实践是制定书面的信息共享协议（Information Sharing Agreement，ISA）。政府间跨境信息共享在 ISA 等严格的保障措施框架内进行无疑是确定性和安全性最强的。同时，相较普遍性协定长远的谈判流程和高额成本，ISA 也是尽快解决大流行病等具体问题的最便利工具。为了缩短谈判协商 ISA 带来的延迟，ISA 的标准化是最有效的途径。示范法规则应利用其模板效应为各国间 ISA 的开发提供一定的指引，一方面可有效促进标准化的实现，提高谈判效率；另一方面还可促进各国间重要的个人信息保护标准及要求的协调。具体内容应包含以下几个方面：

第一，示范法规则应当明确在突发性公共卫生事件下，信息共享请求国一旦发起请求，被请求国应尽快配合进入 ISA 谈判阶段，无正当理由不得拖延或拒绝分享当前调查结果等公共健康数据。❶ 虽然相当部分人认为健康数据最终属于被收集数据的数据主体个人，但各国无疑是共享从其人口中收集的数据的关键决定者。因此，在紧急情况下，应该让人口总体和个人数据的管理者承担责任，说明他们是否愿意以及为什么不愿意为了公共健康而分享数据。❷ 负责共享数据的实体可能会对保护隐私提出合理的关切，但不可否认，在紧急情况下不共享数据对个人和公共健康造成的风险可能更大。

第二，确定突发全球公共卫生事件下数据共享的指导原则。可以考虑个人信息使用应有法授权或明确的正当需要、个人信息共享应限于特定的及当前的一段时间内、限制信息的非公共健康相关用途、共享应符合尽可能高的匿名性。

第三，列举 ISA 的主要内容，为谈判提供基本框架。包含但不限于：（1）个人健康信息的使用和披露的计划。ISA 应说明数据共享的理由、披露和收集的信息的内容、目的、法律基础、使用领域和范围。（2）传输和存储信息的方法和安全措施。ISA 的一个关键组成部分是保护敏感的个人健康信息的具体安全措施，应包括隐私影响评估、解决所有风险

---

❶ Kayvon Modjarrad, Vasee S. Moorthy, Piers Millett, Pierre-Stéphane Gsell, Cathy Roth, Marie-Paule Kieny, Developing Global Norms for Sharing Data and Results during Public Health Emergencies, *PLoS Med*, Vol. 13, No1, 2016, p. 4, at: <https://doi.org/10.1371/journal.pmed.1001935>. Accessed on 20 May 2022.

❷ 同上。

的风险缓解计划（如加密、安全存储、安全处置个人信息的要求）。（3）保留规则。个人信息保留时间表、交换信息的频率和持续时间、保留期满时的信息销毁方法。（4）访问的限制。个人健康信息应由发送方按照协议中规定的方式和时间"推"给另一管辖范围内的接收方，而不应由接收方广泛访问发送方数据库并从中"拉"过来该信息。❶ ISA 还应包括对二次使用和披露的严格禁止。如遇有接受国隐私法或其他任何法律允许数据二次访问或使用，应为此类情况另行确定协商程序。❷（5）数据质量的保证机制。任何数据共享系统中需嵌入确保数据质量的机制，避免因重大错误降低公众的信任度，并产生深远的影响。（6）责任和救济。说明处理隐私泄露、投诉和侵权事件的程序。

　　第四，确保 ISA 由健全的数据管理实践支持。在数据跨境转移的情况下，接收国的法律（包括可适用的反恐怖主义法律）可能影响数据使用目的限制条款的实际执行。因此，ISA 应当对接收国强行法中规定的数据使用限制特殊豁免条款的效力及其与两国间协议的关系作出处理。

---

❶ Canada, Office of the Saskatchewan Information and Privacy Commissioner, Best Practices for Information Sharing Agreement, p. 3, at: <https://oipc. sk. ca/assets/best-practices-for-information-sharing-agreements. pdf>. Accessed on 20 May 2022.

❷ Chantal Bernier, Liane Fong, Timothy M. Banks, "Pandemics in a Connected World: Integrating Privacy with Public Health Surveillance," *University of New Brunswick Law Journal*, Vol. 66, No. 20, 2015, p. 133.

本章小结

　　健康大数据的使用对于未来医学进步、医疗产业发展、拉平流行病学曲线，甚至是提振经济都至关重要。法律和文化传统的差异使国际层面的数据保护规则支离破碎。要实现健康大数据治理的国际协调，打通信息共享渠道，建立国际示范法规则框架是必然的选择。当前的大数据实践证明对健康大数据中的基础数据本身授予产权是不明智的，而且缺乏健全的法律基础。当下迫切需要的是一种以"保管"伦理原则为基础的替代规范框架，以确保对所有利益攸关方的问责和负责任的数据共享。基于此，健康大数据国际示范法规则需建立以债的关系为基础的多主体参与的协同保管范式，以对传统债之关系规则进行修正，解决因数据动态化性质导致的法律适用困难，以更加广泛和专业的多主体协同治理代替数据主体管理健康数据。考虑到债之关系的相对性，国际示范法规则应通过兜底性的个人权利普遍救体系增强责任规则的情境化处理能力，为数据主体提供更有效的私人维权措施。此外，考虑到应对大流行病等紧急状态的需要，国际示范法规则还需帮助实现公共机构信息共享安排的标准化。这样，健康大数据治理国际示范法规则即可创建有意义的沟通渠道，填平数据主体的认知和选择之间的鸿沟，公平分享和利用对公众利益至关重要的健康数据，降低健康大数据产业发展和医学研究的障碍，并实现隐私保护和公众健康之间的平衡。

结束语

习近平总书记在中央全面深化改革委员会第二十六次会议上强调，数据基础制度建设事关国家发展和安全大局，应统筹推进数据产权、流通交易、收益分配、安全治理，加快构建数据基础制度体系。大数据技术发展加剧了对跨境数据流通的需求，使各国间不同数据保护法的选择和协调成为最受关注的问题。为促进数据跨境流通，维护个人信息安全、国家数据安全，有关大数据利用方面的跨境数据保护法律适用问题研究及规则完善将成为数据基础制度建设的重要组成部分。

作为一项阶段性研究的结尾，本书得出以下结论：

（1）个人数据保护领域的冲突规则应被视为一个专门的单独体系，确定统一的目标和原则，并区分请求权基础谈论新旧规则的协调。世界各国关于跨境数据保护领域的法律适用规则一片混乱，根本原因在于缺乏统一的目标原则和协调方法。区分不同的请求权基础和权益类型讨论新旧规则的协调才能真正拨云见日。

（2）控制人机构设立地法是个人数据保护领域的特殊冲突规则，其适用具有特殊的标准和作用。欧盟《个人数据保护指令》第 4（1）（a）条所确立的控制人机构设立地标准对世界范围内有关数据保护领域统一冲突规则的建立具有重要的参考价值。但 CJEU 为了扩张其数据保护规则的域外适用对"机构""活动范围"等关键性用语的解释宽窄不一，控制人机构设立地的相关适用标准需要在考虑全球范围内法律适用结果的稳定性和可预测性以及判决的可执行性的基础上重新予以调整。我国《个人信息保护法》第 3 条并不能完全取代个人信息保护领域的冲突法规则，需适当引入个人信息处理者机构设立地规则，并辅之以受到限制的受害人惯常居所地法，形成系统化的专门冲突规则。

（3）相较传统互联网，云服务在技术结构和服务模式方面具有特殊性，使起源国原则下控制人机构设立地和"设备"使用地规则的适用在大数据和云服务领域丧失准确性和合理度，目的国原则的优先适用将弥补其缺陷。区分云服务的不同模式，分析服务提供者和用户的法律地位，讨论数据中心和 cookies 等新技术背景下数据控制人的地域化，对于精密解读控制人机构设立地标准具有重要的意义。目的国原则将控制人活动所指向的国家作为连结点，不但绕过了起源国原则的技术缺陷，亦使利益衡量的天平适时转向云用户，实现与传统冲突规则的协调一致。

（4）健康大数据治理的国际协调机制以协同治理和个人权利救济体系相结合，使静态的国际条约与软法规则融合，实现自上而下和自下而上两种协调模式的相互结合。自上而下的协调以国家层面的实体性规则为主，通过达成广泛接受的最低标准，保证健康数据跨境共享的基本安全，并在促进各国标准趋向一致的同时为其保留根据本国需要调整的空间；自下而上的协调以国际性行业组织的认证和范本制定为载体，一方面引导健康 App 开发人完成全面的、合格的数据保护影响审计，并为其提供全球认可的通行证；另一方面为数据主体提供可靠的代管服务，使其放弃在数据共享方面的隐私顾及。

（5）为响应健康大数据治理方面的主要关切，破除数据保护国际法律框架碎片化的现状，需要创建以示范法规则为框架的协调机制，为卫生相关数据的跨境共享和分析提供渠道。国际示范法规则应以动态化的债之关系为基础构建专业的多主体协同保管范式；并增强责任规则的灵活性和情境化考虑，通过引入信义关系和损害缓解机制来解决相对性关系对数据主体个人权利保护的不足。

参考文献

一、中文类

[1] 安柯颖. 个人数据安全的法律保护模式：从数据确权的视角切入 [J]. 法学论坛, 2021, 36 (154)：58-65.

[2] 曹博. 论个人信息保护中责任规则与财产规则的竞争及协调 [J]. 环球法律评论, 2018 (5)：86-102.

[3] 程啸. 论大数据时代的个人数据权利 [J]. 中国社会科学, 2018 (3)：102-122.

[4] 程啸. 个人信息保护法理解与适用 [M]. 北京：中国法律出版社, 2021.

[5] 丛立先. 涉外网络版权侵权案件的法律适用 [J]. 东北大学学报 (社会科学版), 2010, 12 (2)：156-161.

[6] 崔聪聪, 巩姗姗, 李仪, 等. 个人信息保护法研究 [M]. 北京：北京邮电大学出版社, 2015.

[7] 丁汉韬. 大数据时代下个人信息保护法的域外效力边界 [J]. 中国国际私法与比较法年刊, 2019, 24 (1)：33-50.

［8］丁晓东. 个人信息私法保护的困境与出路［J］. 法学研究，
2018（6）：194-206.

［9］丁晓东. 个人信息保护原理与实践［M］. 北京：法律出版
社，2011.

［10］范思博. 数据跨境流动中的个人数据保护［J］. 电子知识
产权，2020（6）：85-97.

［11］冯洁菡，周濛. 跨境数据流动规制：核心议题、国际方案
及中国因应［J］. 深圳大学学报（人文社会科学版），
2021，38（4）：88-97.

［12］高富平，王苑. 论个人数据保护制度的源流：域外立法的
历史分析和启示［J］. 河南社会科学，2019，27（11）：
38-49.

［13］高富平. 个人信息使用的合法性基础：数据上利益分析视
角［J］. 比较法研究，2019，36（190）：72-85.

［14］高富平. 论个人信息保护的目的：以个人信息保护法益区
分为核心［J］. 法商研究，2019（1）：93-104.

［15］高露梅. 移动医疗 APP 法律规制探析［J］. 河南工业大
学学报（社会科学版），2019，15（4）：36-43.

［16］黄进，何其生. 电子商务与冲突法的变革［J］. 中国法
学，2003（1）：145-157.

［17］黄志慧. 国际人格权侵权法律适用问题［J］. 政法论坛，
2015，33（183）：104-119.

［18］霍政欣. 国内法的域外效力：美国机制、学理解构与中国

路径［J］. 政法论坛, 2020, 38（215）：173-191.

［19］霍政欣. 我国法域外适用体系之构建：以统筹推进国内法治和涉外法治为视域［J］. 中国法律评论, 2022（1）：41-51.

［20］蒋言斌, 李响. 我国医疗大数据患者隐私权保护及其模式选择［J］. 医学与法学, 2018,（1）：1-7.

［21］江必新, 郭锋主编.《中华人民共和国个人信息保护法》条文理解与适用［M］. 北京：人民法院出版社, 2021.

［22］金梅. 全球化 VS 管辖权：互联网引发的关于私法管辖的思考［J］. 当代法学, 2003（11）：108-111.

［23］李爱君. 数据权利属性与法律特征［J］. 东方法学, 2018（3）：64-74.

［24］李明鲁. 从美国医疗数据泄露案谈信息安全的保护［J］. 中国检察官, 2017（8）：72-75.

［25］凌斌. 法律救济的规则选择：财产规则、责任规则与卡梅框架的法律经济学重构［J］. 中国法学, 2012（6）：5-25.

［26］刘迪. 论数字平台反垄断与个人数据保护之重叠：以双重程序为视角［J］. 德国研究, 2021, 36（139）：117-136.

［27］刘建利. 医疗人工智能临床应用的法律挑战及应对［J］. 东方法学, 2019（5）：133-139.

［28］刘仁山. 欧盟平衡人格权与言论自由的立法实践：以人格权侵权法律适用规则之立法尝试为视角［J］. 环球法律评

论, 2014, 36 (6): 173-186.

[29] 刘士国, 熊静文. 健康医疗大数据中隐私利益的群体维度 [J]. 法学论坛, 2019, 34 (183): 125-135.

[30] 龙卫球. 数据新型财产权构建及体系研究 [J]. 政法论坛, 2017, 35 (196): 63-77.

[31] 吕炳斌. 论网络用户对"数据"的权利: 兼论网络法中的产业政策和利益衡量 [J]. 法律科学, 2018, 36 (232): 56-66.

[32] 齐爱民, 王基岩. 大数据时代个人信息保护法的适用及域外效力 [J]. 社会科学家, 2015 (11): 101-104.

[33] 王文华, 李东方. 论司法实务对数据保护立法的推进: 以欧盟《通用数据保护条例》(GDPR) 为例 [J]. 中国应用法学, 2020 (3): 132-144.

[34] 王文祥. 知情同意作为个人信息处理正当性基础的局限与出路 [J]. 东南大学学报 (哲学社会科学版), 2018, 20 (S1): 142-146.

[35] 王雪乔. 论欧盟 GDPR 中个人数据保护与"同意"细分 [J]. 政法论丛, 2019 (4): 136-146.

[36] 魏建, 宋微. 财产规则与责任规则的选择: 产权保护理论的法经济学进展 [J]. 中国政法大学学报, 2008 (5): 133-139.

[37] 吴玄. 数据主权视野下个人信息跨境规则的建构 [J]. 清华法学, 2021, 15 (65): 74-91.

［38］肖永平，张弛．论中国《法律适用法》中的"强制性规定"［J］．华东政法大学学报，2015（2）：115-125.

［39］肖永平，焦小丁．从司法视角看中国法域外适用体系的构建［J］．中国应用法学，2020（5）：56-72.

［40］肖永平，李臣．国际私法在互联网环境下面临的挑战［J］．中国社会科学，2001（1）：100-112，207.

［41］许多奇．个人数据跨境流动规制的国际格局及中国应对［J］．法学论坛，2018，33（179）：130-137.

［42］俞胜杰，林燕萍．《通用数据保护条例》域外效力的规制逻辑、实践反思与立法启示［J］．重庆社会科学，2020（6）：62-79.

［43］张建文，张哲．个人信息保护法域外效力研究：以欧盟《一般数据保护条例》为视角［J］．重庆邮电大学学报（社会科学版），2017，29（2）：36-43.

［44］张金平．欧盟个人数据权的演进及其启示［J］．法商研究，2019，36（193）：182-192.

［45］张新宝．我国个人信息保护法立法主要矛盾研讨［J］．吉林大学社会科学学报，2018，58（5）：45-56，204-205.

［46］张新新．个人数据保护法的域外效力研究［J］．国际法学刊，2021（4）：124-145，158.

［47］张哲，齐爱民．论我国个人信息保护法域外效力制度的构建［J］．重庆大学学报（社会科学版），2021（2）.

［48］赵姿昂．论推定信托在中国的引入［J］．海南大学学报

（人文社会科学版），2019，37（5）：144-151.

［49］郑佳宁. 知情同意原则在信息采集中的适用与规则构建
[J]. 东方法学，2020（2）：198-208.

［50］朱子勤. 网络侵权中的国际私法问题研究［M］. 北京：
人民法院出版社，2006.

［51］卓力雄. 数据携带权：基本概念，问题与中国应对［J］.
行政法学研究，2019（6）：129-144.

［52］周汉华. 个人信息保护前沿问题研究［M］. 北京：法律
出版社，2006.

二、英文类

［1］Article 29 Data Protection Working Party, Guidelines on Data
Protection Impact Assessment（DPIA）and Determining Whether
Processing is "Likely to Result in a High Risk" for the Purposes
of Regulation 2016/679, 17/EN WP248 rev. 01［DB/OL］.
（2017-4-4）［2022-7-20］. https://ec. europa. eu/news-
room/article29/item-detail. cfm?item_id=611236.

［2］Article 29 Data Protection Working Party, Opinion 8/2010 on
Applicable Law, 0836-02/10/EN WP179［DB/OL］.（2010-12-
16）［2022-7-20］. https://ec. europa. eu/justice/article-29/doc-
umentation/opinion-recommendation/files/2010/wp179_en. pdf.

［3］Article 29 Data Protection Working Party, Opinion 10/2006 on
the Processing of Personal Data by the Society for Worldwide In-

terbank Financial Telecommunication (SWIFT), 01935/06/EN WP128 [DB/OL]. (2006-11-22) [2022-7-20]. https://www. dataprotection. ro/servlet/ViewDocument?id = 234.

[4] Article 29 Data Protection Working Party, Opinion 1/2008 on Data Protection Issues Related to Search Engines, 00737/EN WP148 [DB/OL]. (2008-4-4) [2022-7-20]. https://ec. europa. eu/justice/article - 29/documentation/opinion - recommendation/files/2008/wp148_en. pdf.

[5] Article 29 Data Protection Working Party, Working Document on Determining the International Application of EU Data Protection Law to Personal Data Processing on the Internet by non - EU based web sites, 5035/01/EN/Final WP56 [DB/OL]. (2001-5-30) [2022-7-20]. https://ec. europa. eu/justice/article-29/documentation/opinion-recommendation/files/2002/wp56_en. pdf.

[6] Article 29 Working Party, Opinion 5/2009 on Online Social Networking, 01189/09/EN WP 163 [DB/OL]. (2009-6-12) [2020-7-20]. https://ec. europa. eu/justice/article-29/documentation/opinion - recommendation/files/2009/wp163_en. pdf.

[7] Arora C. Digital health Fiduciaries: Protecting User Privacy When Sharing Health Data [J]. Ethics and Information Technology, 2019, 21 (3): 181-196.

[8] Becker R, Thorogood A, Ordish J, et al. COVID‑19 Research: Navigating the European General Data Protection Regulation [J]. Journal of Medical Internet Research, 2020, 22 (8): e19799.

[9] Bedir C. Contract Law in the Age of Big Data [J]. European Review of Contract Law, 2020, 16 (3): 347‑365.

[10] Bernal P. Internet Privacy Rights. Rights to Protect Autonomy [M]. New York: Cambridge University Press, 2014.

[11] Bernier C, Fong L, Banks T M. Pandemics in a Connected World: Integrating Privacy with Public Health Surveillance [J]. University of New Brunswick Law Journal, 2015, 66 (20): 117‑136.

[12] Bock K, Kühne C R, Mühlhoff R, et al. Data Protection Impact Assessment for the Corona App [J/OL] [2022‑6‑29]. https://papers.ssrn.com/sol3/papers.cfm?abstract_id=3588172.

[13] Brkan M. Data protection and European Private International Law: Observing a Bull in a China Shop [J]. International Data Privacy Law, 2015, 5 (4): 257‑278.

[14] Brkan M. Data Protection and European Private International Law [R]. Robert Schuman Centre for Advanced Studies Research Paper, No. RSCAS 40, 2015.

[15] Brkan M. Data Protection and Conflict‑of‑Laws: A Challenging Relationship [J]. European Data Protection Law Review,

2016, 2 (3): 330-341.

[16] Canada Office of the Saskatchewan Information and Privacy Commissioner, Best Practices for Information SharingAgreement [DB/OL] [2022-5-20]. https://oipc. sk. ca/assets/best-practices-for-information-sharing-agreements. pdf.

[17] Chen J H, How the best-laid plans go awry: the (unsolved) issues of applicable law in the General Data Protection Regulation [J]. International Data Privacy Law, 2016, 6 (4): 310-323.

[18] Cheung A S Y. Moving Beyond Consent for Citizen Science in Big Data Health and Medical Research [J]. Northwest Journal of Technology and Intellectual Property, 2018, 16 (1): 15-43.

[19] Cohen J E. Cyberspace And/As Space [J]. Columbia Law Review, 2007, 107 (1): 210-256.

[20] Criddle E J, Miller P B, Sitkoff R H, eds. The Oxford Handbook of Fiduciary Law [M]. New York: Oxford University Press, 2016.

[21] Docksey C, Kuner C. The Coronavirus Crisis and EU Adequacy Decisions for Data Transfers [J/OL]. European Law Blog (2020-4-3) [2022-5-20]. https://europeanlawblog. eu/2020/04/03/the-coronavirus-crisis-and-eu-adequacy-decisions-for-data-transfers/.

[22] European Data Protection Board, Guidelines 2/2018 on Derogations of Article 49 Under Regulation 2016/679 [EB/OL].

GUIDELINES (2018-5-25) [2022-5-20].

[23] European Commission, Comparative Study on the Situation in the 27 Member States as Regards the Law Applicable to Non-contractual Obligations Arising Out of Violations of Privacy and Rights Relating to Personality [R]. JLS/2007/C4/028, Final Report, 2009.

[24] European Commission, Draft Code of Conduct on Privacy for Mobile Health Applications [EB/OL]. (2016-6-7) [2022-5-20]. http://ec. europa. eu/newsroom/dae/document. cfm? action = display&doc_id = 16125.

[25] Fang J Y, Health Data at Your Fingertips: Federal Regulatory Proposals for Consumer-Generated Mobile Health Data [J]. Georgetown Law Technology Review, 2019, 4 (1): 126-180.

[26] Forcier M B, Gallois H, Mullan S, et al. Integrating Artificial Intelligence into Health Care Through Data Access: Can the GDPR Act as a Beacon for Policy Makers [J]. Journal of Law and the Biosciences, 2019, 6 (1): 317-335.

[27] Frankel TT. Fiduciary law [M]. Oxford: Oxford University Press, 2010.

[28] Gold A S, Miller P B, eds. Philosophical Foundations of Fiduciary Law [M]. New York: Oxford University Press, 2014.

[29] Goldsmith J. Against Cyberanarchy [J]. University of Chicago Law Review, 1998, 65 (4): 1199-1250.

[30] Haibach G. Cloud computing and European Union private international law [J]. Journal of Private International Law, 2015, 11 (2): 252-266.

[31] Hon W K, Hörnle J, Millard C. Data Protection Jurisdiction and Cloud Computing – when Are Cloud Users and Providers Subject to EU Data Protection Law? The Cloud of Unknowing [J]. International Review of Law, Computers & Technology, 2012, 26 (2-3): 129-164.

[32] Hustinx P. European Data Protection Supervisor, Data protection and Cloud Computing under EU law [R]. Third European Cyber Security Awareness Day, European Parliament, 13 April 2010.

[33] Janečeka1 V, Malgieri G. Commerce in Data and the Dynamically Limited Alienability Rule [J]. German Law Journal, 2020, 21 (5): 924-943.

[34] Jan-JaapKuipers, EU Law and Private International Law: the Interrelationship in Contractual Obligations [M]. Boston: MartinusNijhoff Publishers, 2011.

[35] Kaminski M E. Binary Governance: Lessons from the GDPR's Approach to Algorithmic Accountability [J]. Southern California Law Review, 2019, 92 (6): 1529-1602.

[36] Kaye J, Whitley E A, Lund D, et al. Dynamic Consent: A Patient Interface for Twenty-first Century Research Networks [J].

European Journal of Human Genetics, 2015, 23 (2): 141-146.

[37] Kuner C, Bygrave L, Docksey C, eds. The EU General Data Protection Regulation (GDPR): A Commentary [M]. New York: Oxford University Press, 2020.

[38] Lefebvre P, Cecilia L. EU Data Protection and the Conflict of Laws: The Usual Bag of Tricks or a Fight Against the Evasion of the Law [J]. Defense Counsel Journal, 2017, 84 (3): 1-22.

[39] Maria T. Is Data Protection the Same as Privacy? An Analysis of Telecommunications' Metadata Retention Measures [J]. Journal of Internet Law, 2013, 17 (3): 20-33.

[40] McGillivray K. Conflicts in the Cloud: Contracts and Compliance with Data Protection Law in the EU [J]. Tulane Journal Technology and Intellectual Property, 2014 (17): 217-254.

[41] McLennan S, Celi L A, Buyx A. COVID-19: putting the General Data Protection Regulation to the Test [J]. JMIR Public Health and Surveillance, 2020, 6 (2): e19279.

[42] McMahon A, Buyx A, Prainsack B. Big Data Governance Needs More Collective Responsibility: the Role of Harm Mitigation in the Governance of Data Use in Medicine and Beyond [J]. Medical Law Review, 2019, 28 (1): 155-182.

[43] Mililard C. Cloud Computing Law [M]. Oxford: Oxford University Press, 2013. http://edpb.europa.eu/sites/edpb/files/files/filel/edpb guidelines 2_2018_derogations en. pdf.

［44］ Miller P B. A theory of fiduciary liability ［J］. McGill Law Journal, 2011, 56（2）: 235-288.

［45］ Mittelstadt D B, Floridi L. The Ethics of Big Data: Current and Foreseeable Issues in Biomedical Contexts ［J］. Science and Engineering Ethics, 2016, 22（2）: 303-341.

［46］ Modjarrad K, Moorthy VS, Millett P, et al. Developing Global Norms for Sharing Data and Results during Public Health Emergencies ［J］. PLOS Medicine, 2016, 13（1）: e1001935.

［47］ Moerel L. The Long Arm of EU Data Protection Law: Does the Data Protection Directive apply to processing of personal data of EU citizens by websites worldwide ［J］. International Data Privacy Law, 2010, 1（1）: 28-46.

［48］ Molnár-Gábor F, Korbe JO. Genomic Data Sharing in Europe is Stumbling—Could a Code of Conduct Prevent Its Fall ［J/OL］. EMBO molecular medicine, 2020, 12（3）: e11421 ［2022-5-20］. https://doi. org/10. 15252/emmm. 201911421.

［49］ Mowbray M. The Fog over the Grimpen Mire: Cloud Computing and the Law ［J］. SCRIPTed: A Journal of Law, Technology and Society, 2009, 6（1）: 132-146.

［50］ Padova Y. What the European Draft Regulation on Personal Data is Going to Change for Companies ［J］. International Data Privacy Law, 2014, 4（1）: 39-52.

［51］ Pasquale F. The Black Box Society: The Secret Algorithms that Control Money and Information [M]. Cambridge: Harvard University Press, 2015.

[52] Phillips M. International data-sharing norms: from the OECD to the General Data Protection Regulation (GDPR) [J]. Human Genetics, 2018, 137 (8): 575-582.

[53] Phillips M, Molnár-Gábor F, Korbel J O, et al. Genomics: Data Sharing Needs an International Code of Conduct [J]. Nature, 2020, 578: 31-33.

[54] Piltz C. Facebook Ireland Ltd./Facebook Inc. v Independent Data Protection Authority of Schleswig–Holstein, Germany— Facebook Is Not Subject to German Data Protection Law [J]. International Data Privacy Law, 2013, 3 (3): 210-212.

[55] Purtova N. Do Property Rights in Personal Data Make Sense After the Big Data Turn? [J]. Journal of Law & Economic Regulation, Vol. 10, No. 2, 2017, p. 218.

[56] Rothstein M. Ethical Issues in Big Data Health Research [J]. Journal of Law, Medicine & Ethics, 2015, 43 (2): 425-429.

[57] Rojszczak M, Does Global Scope Guarantee Effectiveness? Searching for a New Legal Standard for Privacy Protection in Cyberspace [J]. Information & Communications Technology Law, 2020, 29 (1): 39-40.

[58] Steinsbekk K S, KåreMyskja B, Solberg B. Broad Consent Versus Dynamic Consent in Biobank Research: Is Passive Par-

ticipation an Ethical Problem? [J]. European Journal of Human Genetics, 2013, 21 (9): 897-902.

[59] Schwartz P M. Property, Privacy, and Personal Data [J]. Harvard Law Review, 2004, 117 (8): 2025-2188.

[60] Taylor M. Genetic Data and the Law: A Critical Perspective on Privacy Protections [M]. New York: Cambridge University Press, 2013.

[61] Taylor M, Whitton T. Public Interest, Health Research and Data Protection Law: Establishing a Legitimate Trade-off between Individual Control and Research Access to Health Data [J]. Laws, 2020, 9 (1): 1-23.

[62] Tene O. Christopher Wolf, Overextended: Jurisdiction and Applicable Law under the EU General Data Protection Regulation [C]. //Future of Privacy Forum White Paper, 2013.

[63] Varadi S, Kertesz A, Parkin M. The Necessity of Legally Compliant Data Management in European Cloud Architectures [J]. Computer Law & Security Review, 2012, 28 (5): 577-586.

[64] Yanisky-Ravid S, Hallisey SK. "Equality and Privacy by Design": A New Model of Artificial Intelligence Data Transparency via Auditing, Certification, and Safe Harbor Regimes [J]. Fordham Urban Law Journal, 2019, 46 (2): 428-486.

[65] Zarsky T Z. Incompatible: The GDPR in the Age of Big Data [J]. Seton Hall Law Review, 2017, 47 (4): 995-1021.